超 トクサンTVが教える バッティング講座

トクサン 著

KADOKAWA

Prologue

プロローグ

大学４年のドラフト当日。リーグ戦でＭＶＰや首位打者、盗塁王という成績を残したこともあり、その候補に挙げられていた自分。実際に2チームのスカウトから、指名を打診されていたのですが、上位指名ではなく、記者会見を開くこともなかったため、いつものように自主トレへ向かいました。

指名されれば、誰かが報告に来てくれるのですが、結局、その知らせはなく、そのまま自主トレの時間は過ぎ、そのまま眠った思い出が残ります。

翌日、スカウトから「済まない。当日に状況が変わった」という趣旨の連絡をもらい、「そんなこともあるんだな。なかなか厳しいな」と感じました。

こうして、多くの球児たち同様に、次のステージはない「野球は一区切り」という時間が自分にもやってきました。

野球というのは、不思議なところがあるスポーツです。ほとんどの球児が、小学校時代にどこかのチームに入ることで、その時間はスタートします。そして、高校生までは、いくつかの制約はあるにしろ、自分の意思で野球を続けることができます。将来、メジャーやプロで活躍する選手と、同じ大会にエントリーできるのですから、オープンであるような気さえします。

でも、高校3年の夏。甲子園をめざし、どこかで敗れた瞬間に、ほとんどの選手の野球は終わってしまう。甲子園に至ったとしても、多くの場合、野球を続けたくても、プレーする場所を与えてもらえないのです。

自分のように、運よく大学野球部へ進めたとしても、結局は同じことになります。暑苦しい真夏の太陽の下、白いボールを追いかけた記憶が、残るだけなのです。

こうして普通の社会人となった自分ですが、おかしなものです。1年も野球をしなければ、なんだか気持ち悪くなってきます。

結局、野球の世界に戻ろうとする。ですが、20代の若者ですから仕事も大切な時期。両立は思った以上に難しい。なんというか、野球の外側をフラフラと渡り歩くような形になってしまいます。

そんな中、出会ったのが、現在一緒に野球動画をつくり、一緒に野球を楽しむことになった草野球チーム「天晴-appare-」のメンバーたち。正直、決して上手ではない面々でしたが、とにかく、野球を楽しんでいるのが印象的でした。

それまで、高校、大学、社会人、プロという新聞やテレビで話題になるようなカテゴリーと、それにまつわる世界が中心だった自分は、「こんな世界が野球にあったのか」と衝撃を受けたのです。

そして、自分がプレーすると、普通にゴロをさばき、センター前に打つだけで、「ワァー!」という歓声。自分にとって当たり前のことが、野球をとことん楽しむ人たちに需要がある。そんなことに気がついた瞬間でした。

いつの間にか、野球動画をつくることになり、高校や大学で身につけたことを解説すると、これにも需要がついてくる。気がつくと、その動画は「トクサンＴＶ」となっている。現役の球児や、かつて球児だったオジサン、野球が好きだけど球児ではなかった人々、そんな人たちが、それぞれの野球の傍ら、「トクサンＴＶ」を支持してくれます。がむしゃらに続けていると、数ある野球動画の中でも、ナンバーワンの視聴者数を獲得していました。今は、「野球と生きていく、こんな方法があったんだ」と不思議な気分になっています。

今回、はじめて「トクサンＴＶ」の書籍を出す機会に恵まれました。野球の技術は奥深く、エライ人さえわからないことだらけです。でも、それを試行錯誤し、自分なりの何かを発見していくことが、暑苦しい中に甲子園をめざすのとは別の、野球の楽しさでもあります。野球は誰かが決めて終わるものではなく、自分の意思で続けられる生涯スポーツ。若くても、年を重ねても、上達はできます。ぜひ、楽しみながら、そんな世界に触れてみてください。

トクサン

INTRODUCTION

バッティングは変わる だから、おもしろい

野球技術の中でも、バッティングは多様で、奥深い分野。たぶん、普遍的な答えなんか存在しない。もちろん、「つかんだ！」と感じることはある。でも、すぐにカラダや状態が変わってしまい、同じように維持できない。自分だけじゃない、相手が変われば、時代も変わる。ならば、どうせ変わるんだから、その変化を楽しめばいい。

「フライボール革命」のような、新しい理論が出てくれば、固いこと言わずに試してみればいい。新種の変化球が出現すれば、試行錯誤して攻略しよう。年齢を重ね、身体能力が衰えれば、何か別の要素で補えばいい。

相手のボールも、自分も、時代も何もかも動いているのがバッティング。それを楽しむことが、おもしろいんだ。

INTRODUCTION

「間」とか「タイミング」とかマジで難しい

バッティング技術の中で、超大事なのが、「間《ま》」という考え方。野球は相手もボールも、自分も動く、「動きのスポーツ」なので、その動きにタイミングを合わせることが必要なんだ。

　そこで大切なのが、自分の中に設ける時間的余裕、「間」だ。

要するに、相手と自分との間合いのことをいい、これを早くしたり、遅くしたり調節して、最終的にはボールに同調させることが、バッティングのキーポイントと言える。本書でも、繰り返し解説しているので、ぜひ、つかんでほしい。

「間」をつくるために「割れ」がいる？

すべてつながる大事な要素

タイミングをとるためには「間」が大切で、そのためには「割れ」る部分が必要。それができれば、スイングも鋭くなる。バッティングの考え方は、全部つながるんだ。

トクサンTVでも視てみよう!

骨盤の動きも使う？ 高度なスイング

前に乗ってそこから戻る

低めの変化球などへの「間」をつくるために、一度、前足側に体重移動して、そこから後ろ足側に戻る骨盤の動きを使う打法。超ハイレベルだけど、できると効くぞ。

トクサンTVでも視てみよう!

※登場人物のプロフィールはP127を参照

トクサンTV de マンガ 01

みんな違っていいんじゃないかな？

野球技術の中でも、個性が大きなウェイトを占めるのがバッティングだ。画一的な言葉では個性は活かせない。もちろん、トクサンTVでも、トクサンは熱く語っているぞ。

うむ
バッティングを視聴者と考えていくコーナー
昔はダウンスイング理論が多かったけど今はフライボール革命なんかも流行
でも、そもそもその人に合ってるのか？
以前の動画で軸足のつま先の角度でバッターのタイプがわかるということも学んだけど
ピッチャー
この角度
それを加味せずダウンだフライボールだとやっていいのか？
で、ライパチが実演

普通に打つとテイクバックにムダが多いね
ぐぬぬぬぬ
ライパチに合ったつま先を外にした構えだと…
カキーン
ライパチに合わないつま先を内にすると…
これは！振れないやつだ！
カラダが固まってバットが出ないね
スカッ
実はどんなスイングもインパクトではレベルにバットが入ってくる
でも、そこまでに人それぞれの個性があって言葉によっては合わない
ライパチの場合「上から叩け」と指導するのがベターなんだ
なんでも信じなくていいんですね
言葉だけじゃなく選手の特徴なども考えた指導が大事なんだ
トクサンTVでも視てみよう!

PART 1

これで語れる！

超トクサンTVが教える バッティング講座

Contents

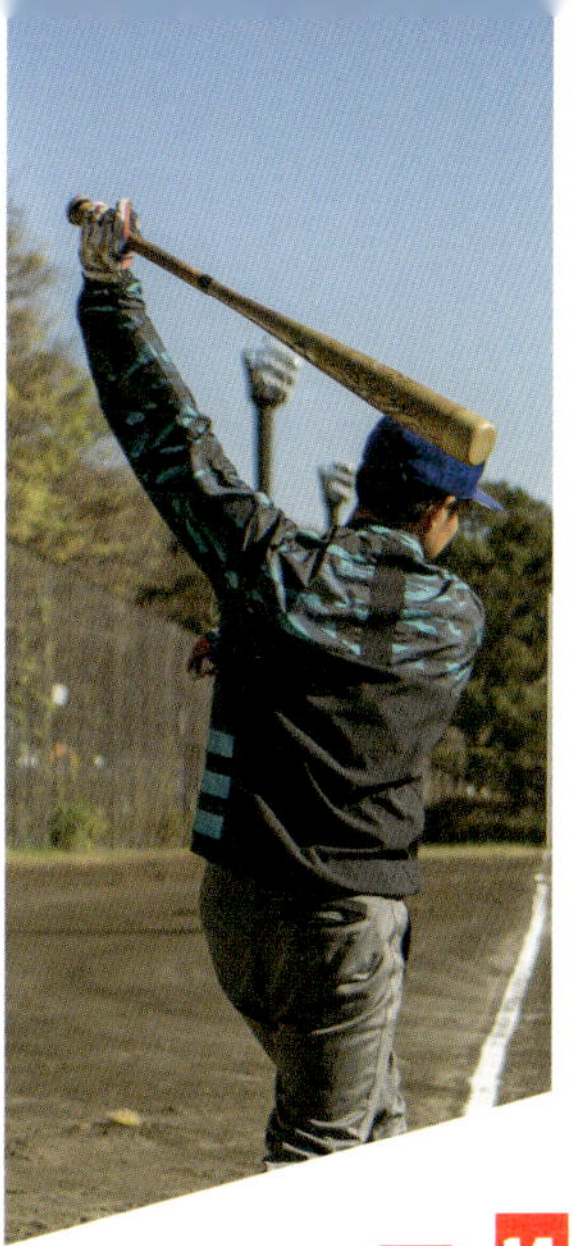
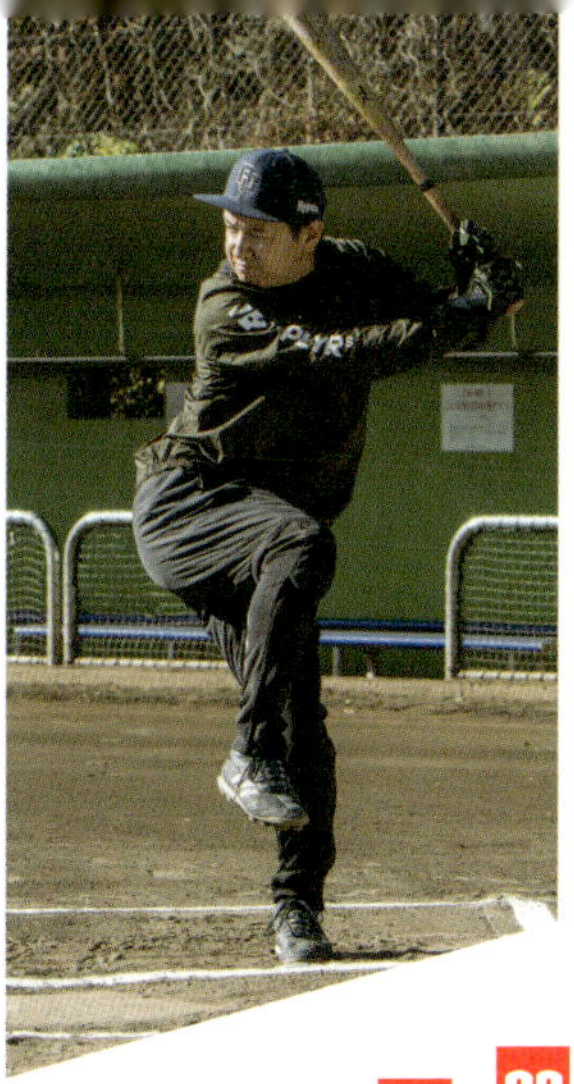
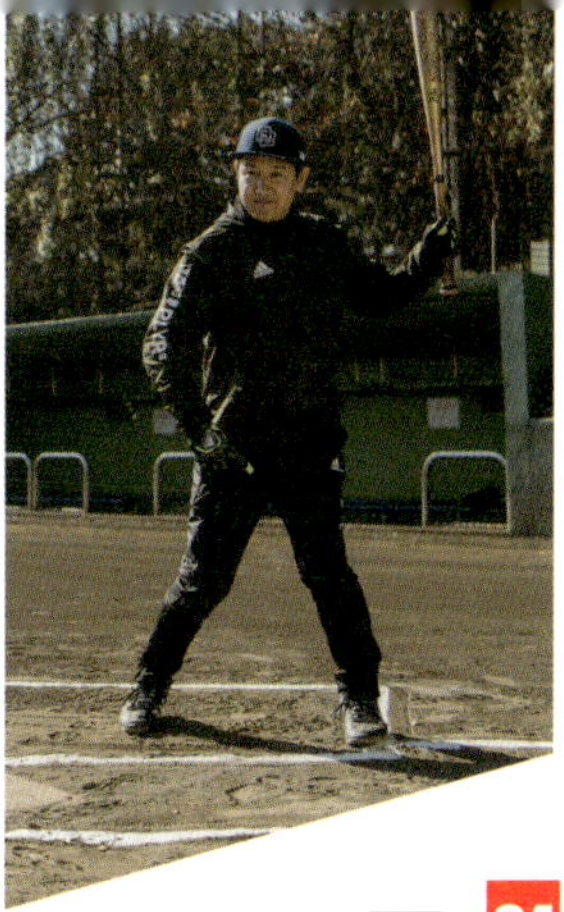

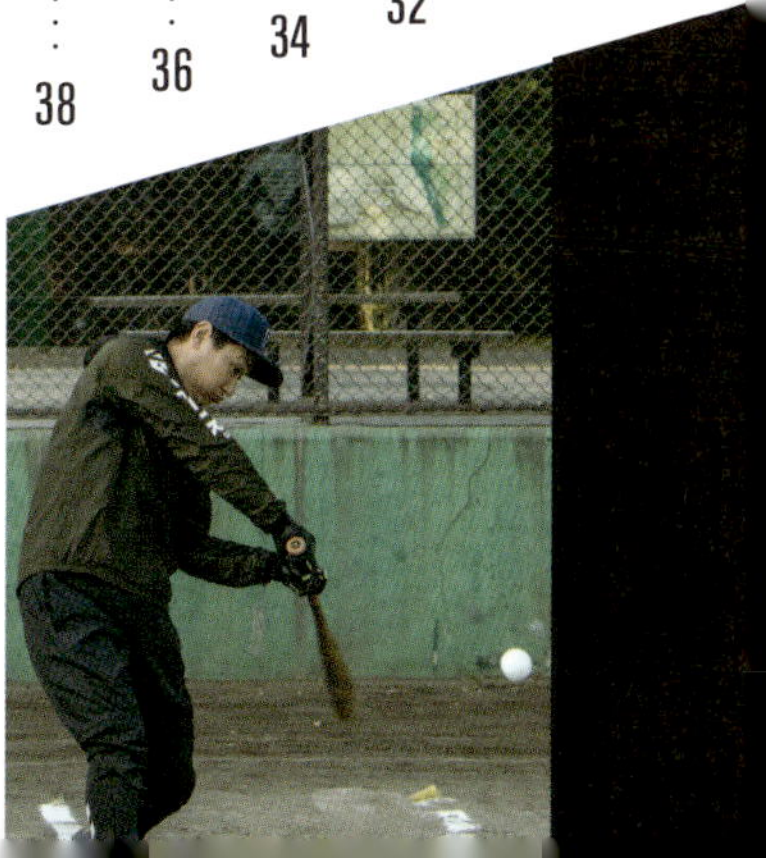
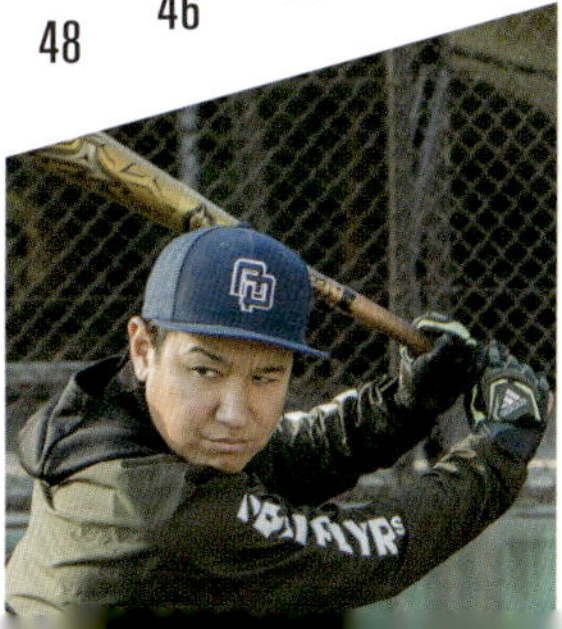
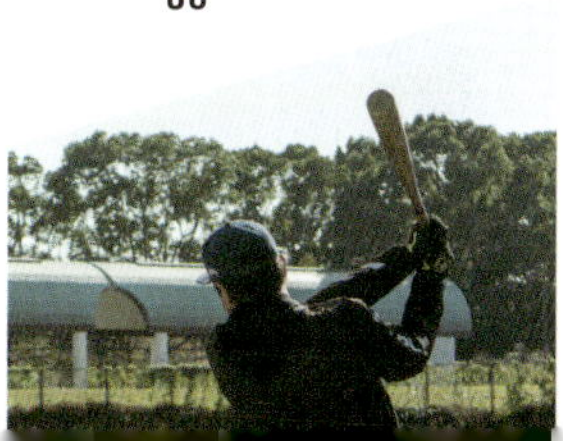

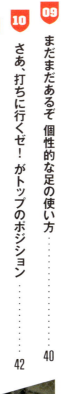

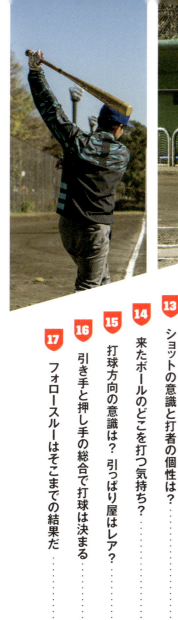

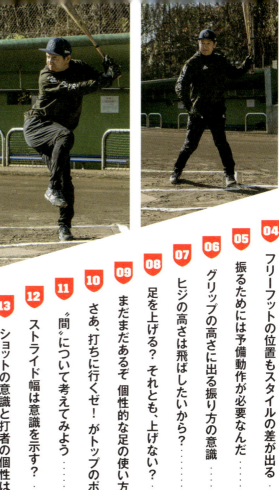

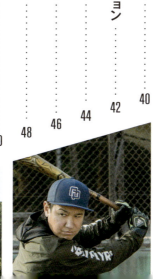

PART 2

トクサン

バッティング悩み相談室

超 トクサンTVが教える バッティング講座 もくじ

PART 3

もっと楽しむぞ！

バッティングの周辺

STAFF

制作 城所大輔（多聞堂）
編集協力 新宮 聡（企画室ノーチラス）
カバー・ブックデザイン 三國創市（多聞堂）
撮影 高橋賢勇
校正 麦秋アートセンター

トクサンTV de マンガ

COLUMN 熱く語るぜ！ 居酒屋談義

PART

1

これで語れる！

バッティングの各パート

バッティングは多様で複雑。いつも動画では、さまざまな野球用語を使っているけど、みんなで分析し、語り合うためにも、その各パートの意味や呼び方を共有しておきたい。ここでは、そんな視点でバッティングの各部を解説してみよう。

トクサンTV de マンガ 02

打撃追求の日々

野球技術の中でも、特に答えのないジャンルがバッティング。トクサンTVでも、おもしろおかしい雰囲気ながら、トクサンは日々、打撃を追求しているぞ。

ワンバン後に一瞬の「間《ま》」ができる これで変化球に対応するんだ
グッ
スパーンッ
インコースに来れば「抜き」の練習にもなる
ちなみに「抜き」というのは
インコースを打つときに引き手のヒジを抜くように使うテクニック
内の球はヒジを抜きつつ振りきるんだ
これを試合で打つのは難しいけど積み重ねだね
ピッチャーはズラそうとしてきますからね
開かないように意識してセンター前！
ひらひらひら〜
試合のための練習ですからね
フォーム固めの通常のティーも大事だけどいろんなティーをやるべきだね
トクサンTVでも視てみよう!

BATTING
00-1

ざっくりわかる

バッティングのメカニズム

構え~テイクバック

バッティングの動作はシンプルなようで、結構いろいろな要素が複合している。まずは構えからテイクバックの動きを見てみよう。

1 構えた状態。決まった形はなく、それぞれにスイングしやすい形で構えて問題ない

2 テイクバックの動作に入る。足を上げるかどうかが大きな違いを生むパート

3 足をしっかり上げるのがトクサンのフォーム。軸足に体重が移った形で、この体重移動もスイングの力になる

両立させるのが大変

構え方は、それぞれのバッターがスイング動作に移行しやすい形を模索する部分。決まった形はないと考えている。

バッティングというのは、この構えから、突然「えい！」とバットを振るものではない。力強く、鋭く振るためには、予備動作としてのテイクバックが必要だし、その動作の中でピッチャーの投げるボールにタイミングを合わせる必要もある。

この強く振るための準備と、タイミングを合わせることを両立させなければならないところが、バッティングを奥深くしている理由。トクサン的に日々、試行錯誤をしているのも、この部分なんだ。

ただ足が上がるだけでなく、ヒザが弧を描くように動いていることに注目。ここでもタイミングを合わせている

上体にもひねりが加えられている。トクサンの場合、トップがかなり深いのが特徴だといえる

下半身が先に動き、足が着地に向かっている。だが、上体は動かず、後ろに残っている

BATTING
00-2

ざっくりわかる

バッティングのメカニズム

トップ〜スイング

スイングをはじめれば、後は一瞬の出来事。でも、ここでも、カラダはいろいろなことをして、ボールに合わせているぞ。

下半身の動き、上体がひねりをほどくように回転しはじめる。最後の最後に、バットヘッドが動き出す

カラダが「割れ」て、さあ振るぞ、というとき（右の7のあたり）が、いわゆる「トップ」といわれる形

足は着地しようとしているが、上体はまだ動いていない。この前後に分かれたような動きを「割れ」という

バッティングの「間」

ボールが「来た！」と判断しても、いきなり手やバットは出てこない。最初に動くのは下半身だが、手やバットを含む上体はまだ準備状態。この上下に分かれた動きを野球用語では「割れ」という。

そして、この割れた一瞬の「間《ま》」で、カラダは無意識に近い感じでタイミングや軌道の微調整を行っている。ただし、ピタッと動きを止めているのではない。動きの中で少し早くしたり、ヘッドの軌道を合わせたりするイメージがいい。

この調整の「間」がしっかり設けられていれば、当然、バッティングの精度は上がる。とても大事なことなんだ。

残っていたバットヘッドが瞬間的に出てくる中で軌道修正され、インパクト地点へ運ばれる

合理的なスイングになっていれば、ヘッドがトップスピードになった時点でボールを叩き、強い力を生む

そこまでのスイングの結果といえるのがフォロースルーだ。いいスイングは最後もカッコいいもの

BATTING 01

いろいろあるぞ 打撃前のルーティン

打席に入る前にやるのがルーティン。なぜ、そうするのだろう。

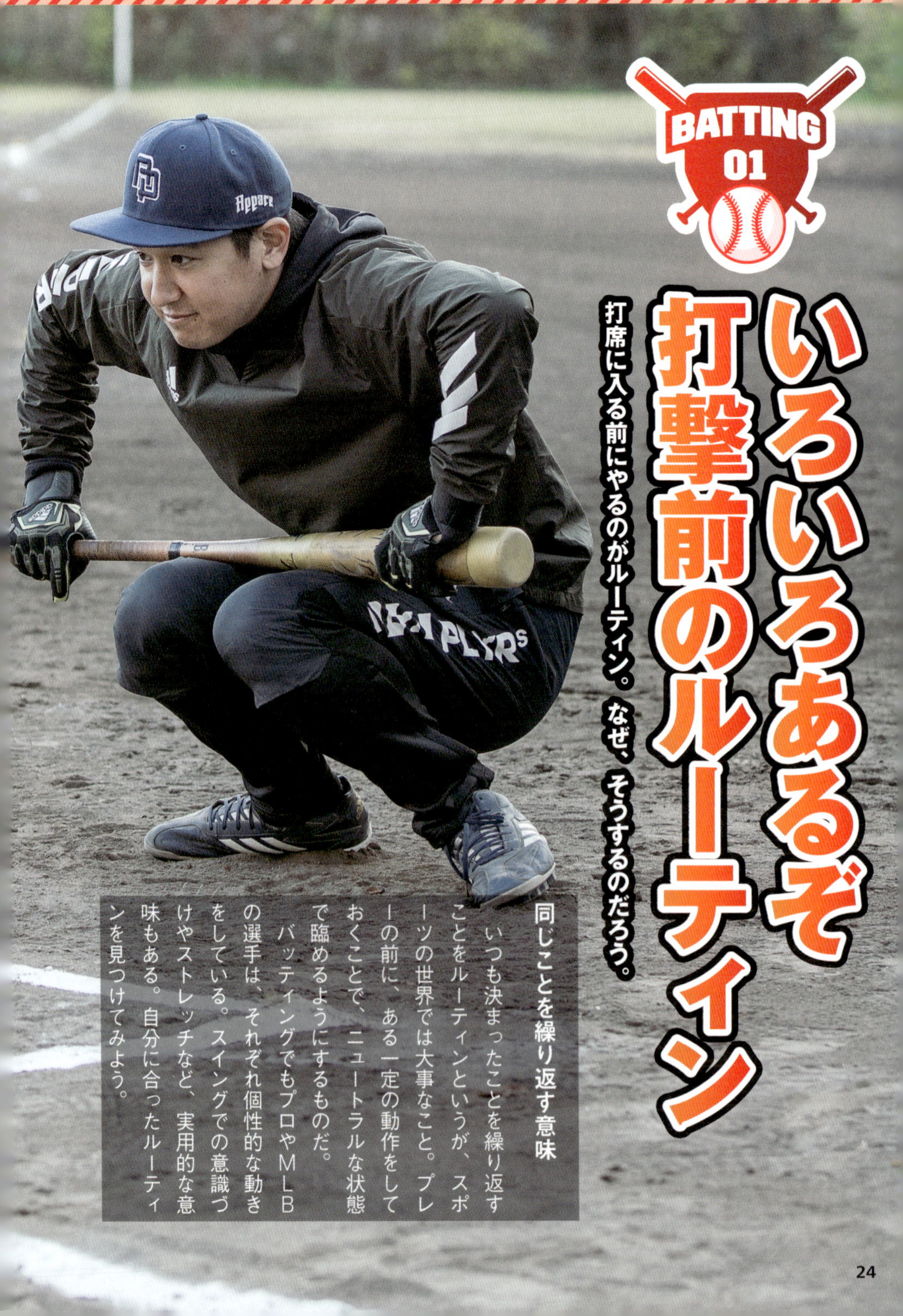

同じことを繰り返す意味

いつも決まったことを繰り返すことをルーティンというが、スポーツの世界では大事なこと。プレーの前に、ある一定の動作をしておくことで、ニュートラルな状態で臨めるようにするものだ。バッティングでもプロやMLBの選手は、それぞれ個性的な動きをしている。スイングでの意識づけやストレッチなど、実用的な意味もある。自分に合ったルーティンを見つけてみよう。

CHECK ミートポイントなどを確認

ピッチャー方向にバットヘッドを向けることで、投球の軌道などもイメージできる。

意識するコース、ポイントなど、バットを使って再確認している。

CHECK カラダの各部をストレッチ

ストレッチしておくことで、可動域を確保し、スムーズに動けるようにしている。

スイングでは肩甲骨や骨盤などが左右それぞれに動くことが大事。

CHECK 気になるクセをチェック

逆に後ろに残りすぎる場合は、前に体重移動する意識づけをしておくのもいい。

前に突っ込むクセがあるときは、軸足側にしっかり重心を乗せる意識づけも大事。

BATTING 02

立ち位置に打者のスタイルが出るよ

バッターボックスのどこに立っている？ 実は個性がそこに反映される。

バッターボックス内の
軸足の位置にねらいが出る

CHECK ニュートラルな位置

速球にも変化球にも、臨機応変に対応しようというスタイルならば、この位置。何も考えずにここならば、一度、位置を変えてみるのもいいかもしれない。通常、ここで立っていても投手によって変える場合もある。

CHECK 前めの位置

変化球を曲がる前に打つ、足を活かして一塁到達を早くしたい、などを考えるならば、この位置。

CHECK めいっぱい後ろの位置

速球を引きつけて打つスタイルならば、めいっぱい後ろに下がると減速したところを打てる。

考えて打席に立とう

バッターボックス内の位置が、毎回まちまちな打者というのは、おおむね、何も考えていない。そもそも、バッティングというのは、持てる技術と頭を使って、よくて3割という確率をできるだけ上げようという作業だ。考えなければ、うまくいかない。

たとえば、速球が打ちにくい大きな理由は速いからだ。ならば、できるだけピッチャーから遠い位置に立てば、その理由を少し減らせる。逆に曲がりが大きくて打てない変化球ならば、曲がる前に打ちたい。ならば、打席の前に立つというのも手。ほかにも位置を変えることで、有利になる点はいくつもある。スタイルによって変わるのが、立つ位置なんだ。

BATTING 03

ベースとの近さも実はポイントなんだ

ピッチャーとの距離だけでなく、ベースとの距離にもねらいが出る。

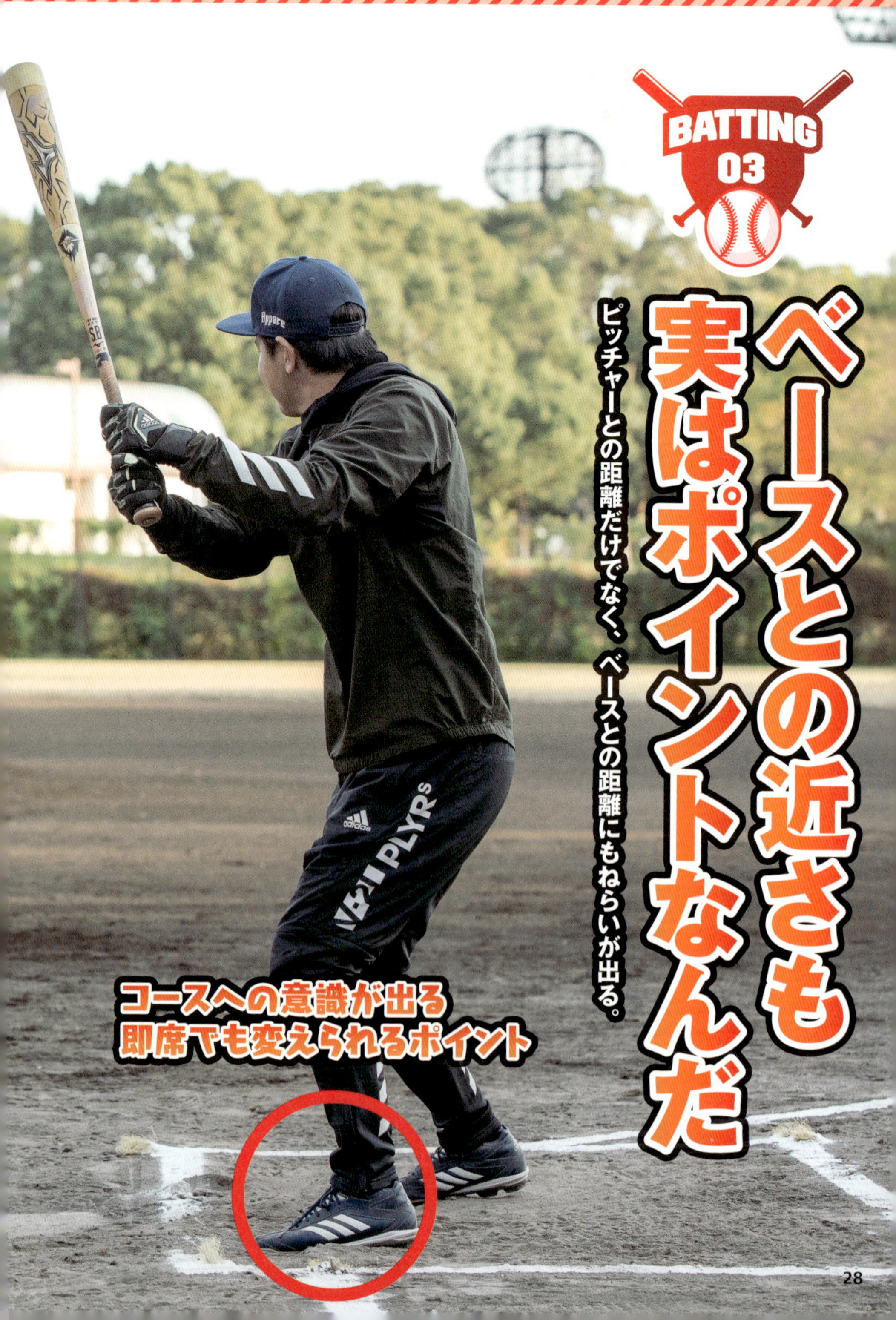

コースへの意識が出る
即席でも変えられるポイント

CHECK ベース近くに立つ

ピッチャーが投げるのはアウトコースがほとんど。ベースの近くに立って、これに対応する。トクサンもこのタイプ。

CHECK ベースから離れる

インコースが苦手ならばベースから離れて、これに対応する。アウトコースに対しては、前足を踏み込んで打つスタイルだ。

アウトコース対応が基本

バッターボックスの中で、ベースの近くに構えるか、少し離れて構えるかには、投手が投げるコースへの意識が反映される。

ただし、ピッチャーが投げるコースというのは、彼らにとって投げやすいアウトコースが基本。インコースをズバッと突ける相手は少ないので、バッターも外角に届きやすいベース近くに立つのが基本線だ。

だが、アウトコースは苦にしなくても、インコースがハッキリと苦手な選手もいる。この場合、ムリをしてスイング全体が崩れてしまうよりは、ベースと距離をとってインコースに対応し、アウトコースは前足を踏み込んで打つスタイルにするのも手だ。

BATTING 04

フリーフットの位置もスタイルの差が出る

軸足に対して、フリーフットをどの位置に置くかも違いがある。

軸足とフリーフットの
位置関係に注目!

スタンダードなスタンス

クローズドスタンス

オープンスタンス

クローズドスタンスで構えると、そこから踏み込んで打つのは難しい。足の動きが小さい打者向きだといえる。逆にオープンスタンスは、フリーフットを踏み込むように使える。この動きでタイミングを合わせる、開かないように意識づけするなどの打者もいる。

ボールの見やすさも関係

軸足とフリーフット（前足）が、バッターボックスの辺と平行に並ぶのがスタンダードな位置。これに対し、フリーフットをベースから離れる方向に置くのがオープンスタンスだ。カラダが投手に正対する方向に開くので、ボールを両目で見やすいという利点がある。

また、懐を深くするイメージもある。さらに、下半身に対して、上体をひねった状態になるので、ここから戻る力を使うという意味もあるだろう。

逆のクローズドスタンスは、多少、ボールは見にくいが、踏み込んでいる分スイング時のカラダの開きを抑制することができる。そういう意識づけが必要なときには、試してみるのもいいだろう。

BATTING 05

振るためには予備動作が必要なんだ

バットをスイングするために、実は多くの準備をしている。

CHECK
グリップの位置

テイクバックの中でバットを握る手も微妙に動いている。カラダの中でも手は特に器用な部分。タイミングやミートの精度はここで調整される。

CHECK
足の上げ下げ

足を上げて、そこから下げるという動きの中で、力を生む重心移動とタイミングをとる動きをこなしている。トクサンの足の動きは、ゆるい円運動といえる。

打つための予備動作

全身の後方移動

足を上げれば、体重が丸ごと軸足側に移ったことになる。この大きな質量をスイングでは再び前に移動する。大きなパワーを生む要素だ。

上体のひねり

テイクバックで上体をひねり、そこから戻る力も使われる。トクサンはトップがかなり深いタイプ。戻るスピードが要求され、これがないと振り遅れる。

力と精度、タイミング

バットをスイングするという動作は力とスピード、精度を要求されるもの。だから、金づちで釘を打つときのように、一度引くという予備動作が必要。金づちの場合、この引く動作の中で釘の頭にねらいを定めていて、バッティングにも似たところがある。

また、バッターはこの動作の中でピッチャーのボールにタイミングを合わせることもしている。オーケストラの指揮者がタクトを回すように振って、これを行うように、テイクバックの動きの中には、フワッとどこかを回すようなイメージの部分がある。この円運動の中で、弧の大きさやスピードを変化させ、ちょうどいいタイミングに修正する感じだ。

腰、骨盤、脚のひねり

腰だけでなく、左右の骨盤や股関節にもひねりは生じる。柔軟であれば、それだけ余裕ある動きができ、スイングの「間」もとりやすいはずだ。

両者の違いのすべては

BATTING 06

グリップの高さに出る振り方の意識

構えたときのグリップの位置も打者によってさまざまだ。これでいいの？

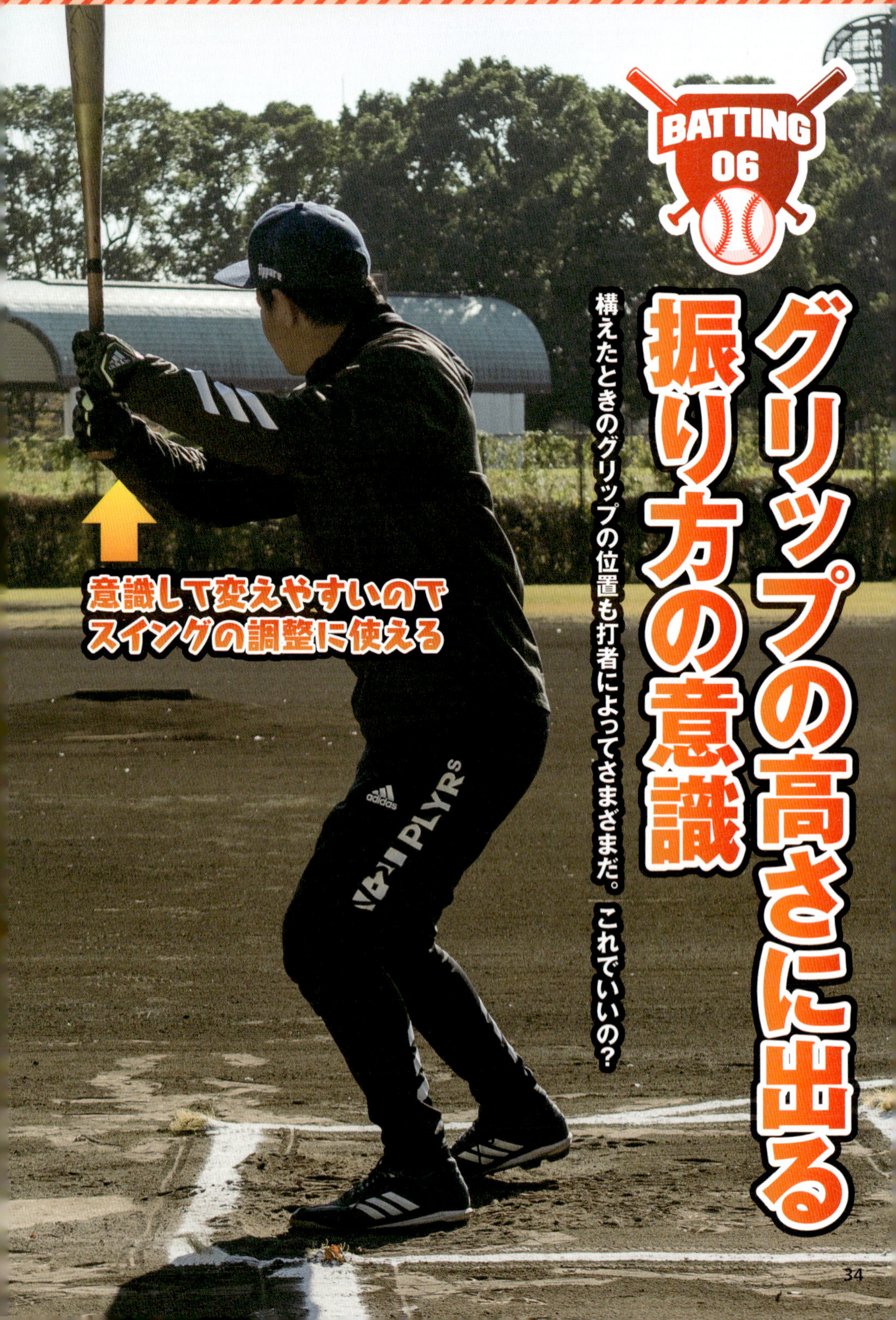

意識して変えやすいので
スイングの調整に使える

「ヒッチ」と「コック」？

構えた時点のグリップの位置は、意識的に変えやすい。そのため、バッティングの修正などに使われるポイントになっている。

また、構えたところからスイングするまでにグリップを動かす打者もいる。野球界には古くから、下げることを「ヒッチ」、上げることを「コック」という、映画界の巨匠をもじったような言葉がある。スイング前のムダな動きともされるが、この動きでリズムや力感を生むバッターもいるので、一概に悪いと考えなくていい。

CHECK 叩くイメージが強い？ 高い位置

グリップが高い打者は、ここから叩くようなイメージでスイングしていることが多い。下げるようにグリップを使う打者もいる。

CHECK 通常位置の意識はいろいろ

通常の高さで構える選手も、ここから動かすことがある。逆に動きがない打者は、手よりも足で合わせるイメージが強いはずだ。

CHECK 低い位置から動いてリズム感

低い位置は、基本的にそのまま振れない。一度上げる動きが入るわけで、そのリズム感でタイミングや力感を生む打者といえる。

BATTING 07

ヒジの高さは飛ばしたいから？

近年、よく見るヒジの高い構え方。どんな意味があるのだろう？

フライングエルボーという
メジャーリーガーに多い特徴

ヒジの動きで力感を出す

ヒジを大きく跳ね上げ、そこから戻ってくることでカラダの中に距離の長い加速感がつくれる。ムダにも見えるが、バッティングでは、それが個性につながる。

オオタニサーン効果?

構えたときや、打ちにいくときにヒジを高く上げるフォームは、フライングエルボーといわれる。かつては、一部中南米系の選手によく見られる形だったが、大谷翔平選手が、このフォームで本塁打を連発すると、世間的にも広く知られるようになってきた。

高い位置にあるヒジをインパクトの位置まで畳む動きで、力やリズムをつくっていると考えられる。インパクトから遠い位置にヒジを動かし、ターンしながら加速し、パワーを生むイメージだ。

BATTING 08

足を上げる？ それとも、上げない？

打者のフォームで大きく分かれるのが、足を上げるか上げないかの違いだ。

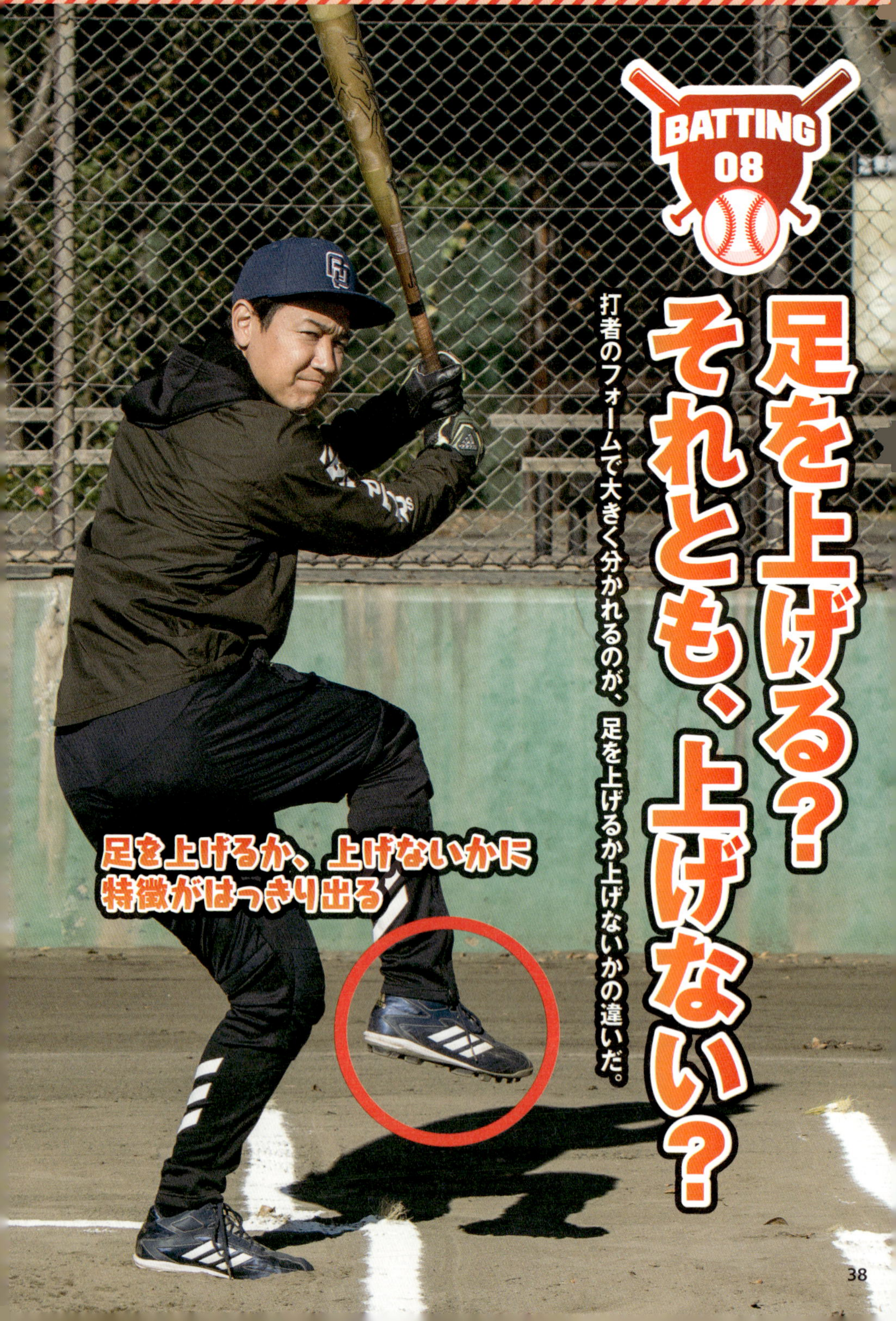

足を上げるか、上げないかに特徴がはっきり出る

ノーステップでの動き

足を上げず、ノーステップで打つ場合、大きな体重移動ができず、力は出しにくい。だが、ムダは少なく、汎用性も高くなる。

足を上げる動き

足を上げれば、いつかは下げなければならない。リスクはあるが、大きな体重移動ができるので、強い力が生み出せる。

足を上げるのはリスク

足を上げるか否かはフォームの中でも大きな違いが出る部分。究極の理想は、実は足を上げない方にあるだろう。足を上げなければカラダがブレないので視線も安定する。そのまま、予備動作もなく、来た球を瞬間的に、バチンッとかっ飛ばせれば無敵だ。

でも、普通はできないから、足を上げるというリスクを冒す。足を上げれば、いずれ下げなければならず、待てないとタイミングが合わず負けなのだ。でも、足の上下という予備動作で、強い力も生めるし、タイミングもとれる。

逆にスイングに強い力を求めず、ミートに意識を置くならば、上げないのも手。意識の違いが大きく出るポイントなんだ。

BATTING 09

まだまだあるぞ 個性的な足の使い方

足の使い方には、さらに多くの種類がある。おおまかに説明してみよう。

足の使い方に個性がある

カカトだけ上げる動き

カカトを上げるだけなので、動きが小さく合わせにくい。軸足側の股関節あたりに意識を置くと、印象が変わってくる。

すり足での動き

足をすり足で動かすだけだが、一応の体重移動はできるし、足を上げきるほどのリスクもない。足を上げて遅れ気味の場合はやってみてもいい。

力とリスクの関係

足の使い方には多くの種類があって、バッターの個性や意識を反映している。

足を上げる場合でも、ヒザを胸側に直線的に引き、直線的に下ろす打者がいる。重いものを持ちあげて、ドスンと落とすようなイメージになるので、リスクはさらに大きくなるが、使える力は大きくなる。

そんなに大きな力を求めないときは、動きが小さくリスクも少ない、すり足もアリ。また、カカトだけを上げる打者もいるが、こちらはさらに動きが小さい。その分、軸足側の股関節にひねりを生み、この部分とお尻あたりでボールを待っている感じだ。しっくりくるものを探そう。

BATTING 10

さあ、打ちに行くぜ！がトップのポジション

バッティングにおける「トップ」は、とても大事な概念なのだ。

CHECK いちばん後ろになったヘッド

足を上げて、カラダをひねり、テイクバックした状態。空間的な位置ではなく、概念としての位置で、バットヘッドは、ねじったカラダの最後方にあると考えてほしい。

CHECK 最大に上がった足

カラダ全体をねじったバネと考えれば、最初にねじれた部分が下半身。ねじりからほどけるときも、ここから動くことになる。

上体は残った状態が“割れ”

下半身は動いたけど

ねじったバネの戻り方

バッティングにおけるテイクバックした状態は、細長いバネを立て、思いきりねじった状態に似ている。このねじられたバネが、下側（下半身）から順にほどけていき、最後に上端にあるバットヘッドが、パチンッとムチのように振り回されるイメージがいいだろう。

そして、下半身は先に回っているが、上体やバットヘッドは、まだほどけていない状態を野球用語では「割れ」という。この「割れ」たときが、ヘッドが一番後ろに残った「トップ」といわれる位置。ここから、バットヘッドは一気に飛び出し、強く鋭くボールを叩くんだ。

CHECK まだ後ろに残っているヘッド

下半身は動いたが、バットヘッドは後方のまま。ヘッドが残ればインパクトまでの距離も残り、その距離の中で加速と軌道修正ができる。

CHECK 先に動いた下半身

先に動くのは下半身、ここから、腰、上体と下から順に動くことが大事。バッティングは下半身主導のアクションなのだ。

BATTING 11

“間《ま》”について考えてみよう

ヘッドを残すという考え方は、結構難しい。もう少し解説しよう。

ヘッドが残ることが大事

下半身は動いているが、ヘッドは残っている。この時間的な「間」でボールに対するタイミングや軌道修正をするのが、バッティングの肝なんだ。

下半身はすでに始動

下半身が動くのと同時に、上体も動いてしまえば、ボールと時間的、空間的に一致できる点は狭くなる。時間的遅延（振り遅れ）や場所を間違う（ミスショット）という事態に。

「間」という余裕が欲しい

バットヘッドをインパクトという待ち合わせに向かう自動車と考えてみよう。到達すべき場所が遠ければ、そこまでの距離で加速もできるし、コース修正もできる。

だが、バッティングの場合、場所と時刻を決めるのは相手バッテリー。変化球や速球で時間や場所を変更してくる。

もし、乗っているのがスポーツカーならば、高性能エンジンとステアリングで対応できるかもしれない。しかし、そんな人は稀なので、加速や軌道修正が間に合わず、目標のインパクトにたどり着けなくなる。だからこそ、下半身と上体の動きに「間」という時間的余裕を設け、対応力のアップにつなげているんだ。

CHECK ヘッドの軌道の中で調整している

ヘッドが残っていれば、そこからインパクトに向かう軌道の中で加速でき、手が無意識下で軌道修正もする。これが強く正確に打つ秘訣。

広いストライドで力感を出す

下半身を大きく使えるので、四股を踏むように力感が出る。だが、バッティングは回転運動でもある。やりすぎると上体が回りにくくなる。上体が前へ大きく動いていることにも注目。

中間ストライドは万能系

前に踏み込むということは、少なからず上体も前に出てボールとの距離を詰めることになる。ボールを見る時間を縮めているわけで、そういう部分も考慮してベストな位置を探そう。

せまいのは理想だが身体能力が必要

踏み込みは最小限なので、ボールを呼び込み、長く見ることができる。ただし、踏み込みが浅い分、推進力に欠ける。飛ばすためには、強力な回転力が必要になる。

力感かボールを見るか

テイクバックした状態からフリーフット（前足）を踏み込んだとき、ストライドが大きい打者は、相撲でいう四股を踏んだ形に近い。相撲同様に力感を得やすいのだが、広すぎるとバッティングでは回転しにくくなる。

逆に狭い場合は、前に動きボールに近づく距離が短いので、時間的余裕ができ、長くボールを見ることができる。しかし、前進する力は小さくなるので、飛ばすためには身体能力が要求される。

また、踏み込んだときの重心の位置も重要で、前足に大きく乗るタイプは推進力を利用するタイプ。逆に後ろに残すタイプは回転で打つイメージ。しかし、これも身体能力が要求される打ち方だ。

BATTING 12

ストライド幅は意識を示す?

踏み込んだときのストライドの幅にも、意識の違いが反映される。

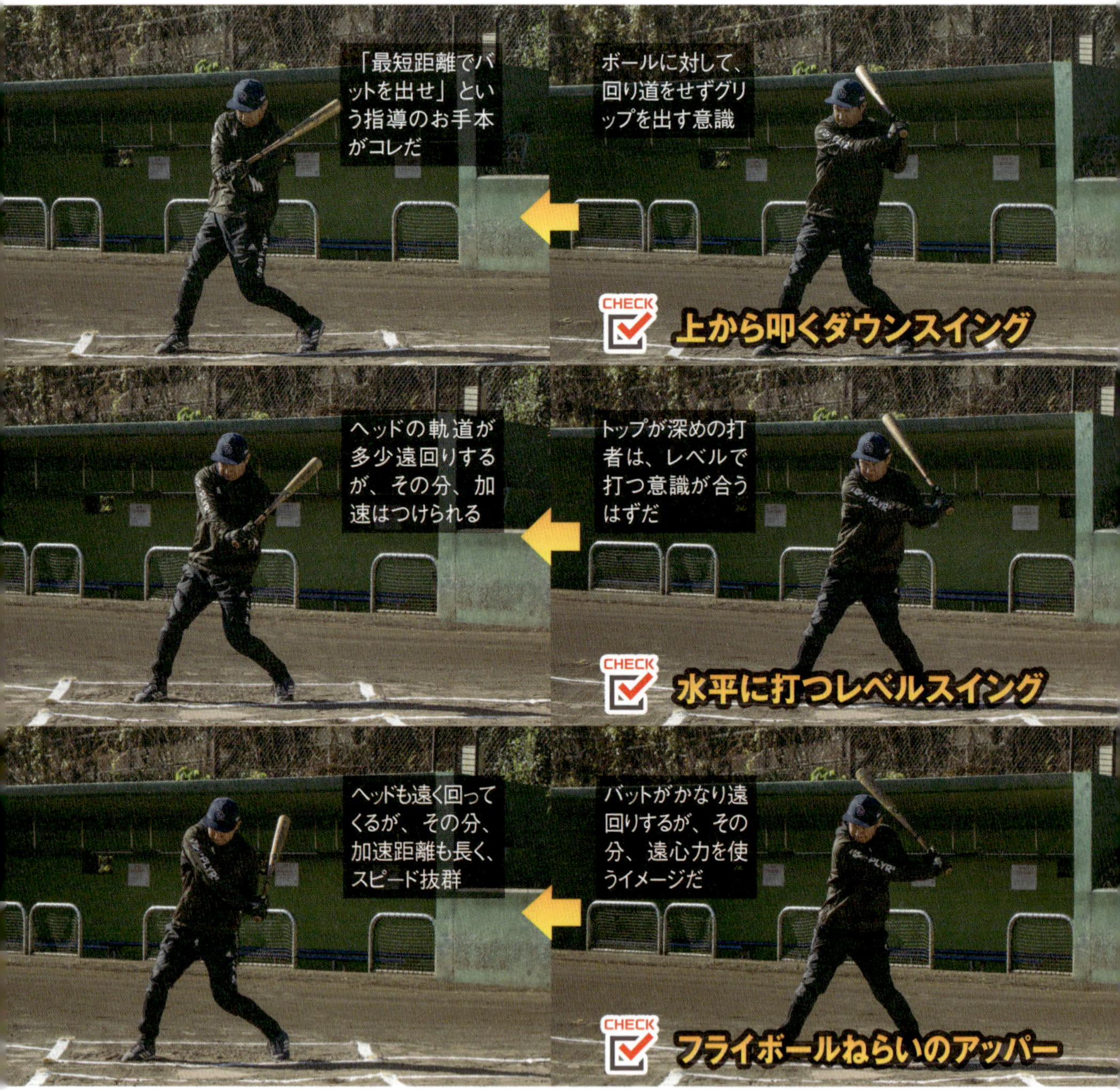
ボールに対して、回り道をせずグリップを出す意識
「最短距離でバットを出せ」という指導のお手本がコレだ
CHECK
上から叩くダウンスイング
トップが深めの打者は、レベルで打つ意識が合うはずだ
ヘッドの軌道が多少遠回りするが、その分、加速はつけられる
CHECK
水平に打つレベルスイング
バットがかなり遠回りするが、その分、遠心力を使うイメージだ
ヘッドも遠く回ってくるが、その分、加速距離も長く、スピード抜群
CHECK
フライボールねらいのアッパー

BATTING 13

ショットの意識と打者の個性は？

振りだしてから、ボールを叩くまでのところにも打者の意識の違いはある。特にボールの叩き方のイメージには大きな差が出る。

個性によって意識も変わる

１９９０年代にＭＬＢの影響が国内に及ぶまでは、スイングの指導も「上からボールを叩け」というものが多かった。「ダウンスイングで打て」というのも近い考え方だ。でも、現在は「フライボール革命」という考え方も伝わってきて、大きな違いが出ている。

現実的には、どれもインパクトでは、レベルに近い角度でボールに対してバットが入るもの。意識上の問題なのだが、打者の個性によっては、指導が合わないことがある。特にトクサンのように上体のトップが深めだと、「上から叩け」ではバットが出にくくなる。逆に浅いタイプは、レベルやアッパーを意識するとムダな動作につながるので注意が必要なんだ。

BATTING 14

来たボールのどこを打つ気持ち？

ボールを適当に叩いただけでは、いい打球にならない。その理由も知っておこう。

CHECK インサイドアウトが必要

バットヘッドがカラダの近くから入り、そこから外に振られていくインサイドアウトのスイングが重要。意識的に練習していこう。

ヘッドを内から外に出していくイメージ

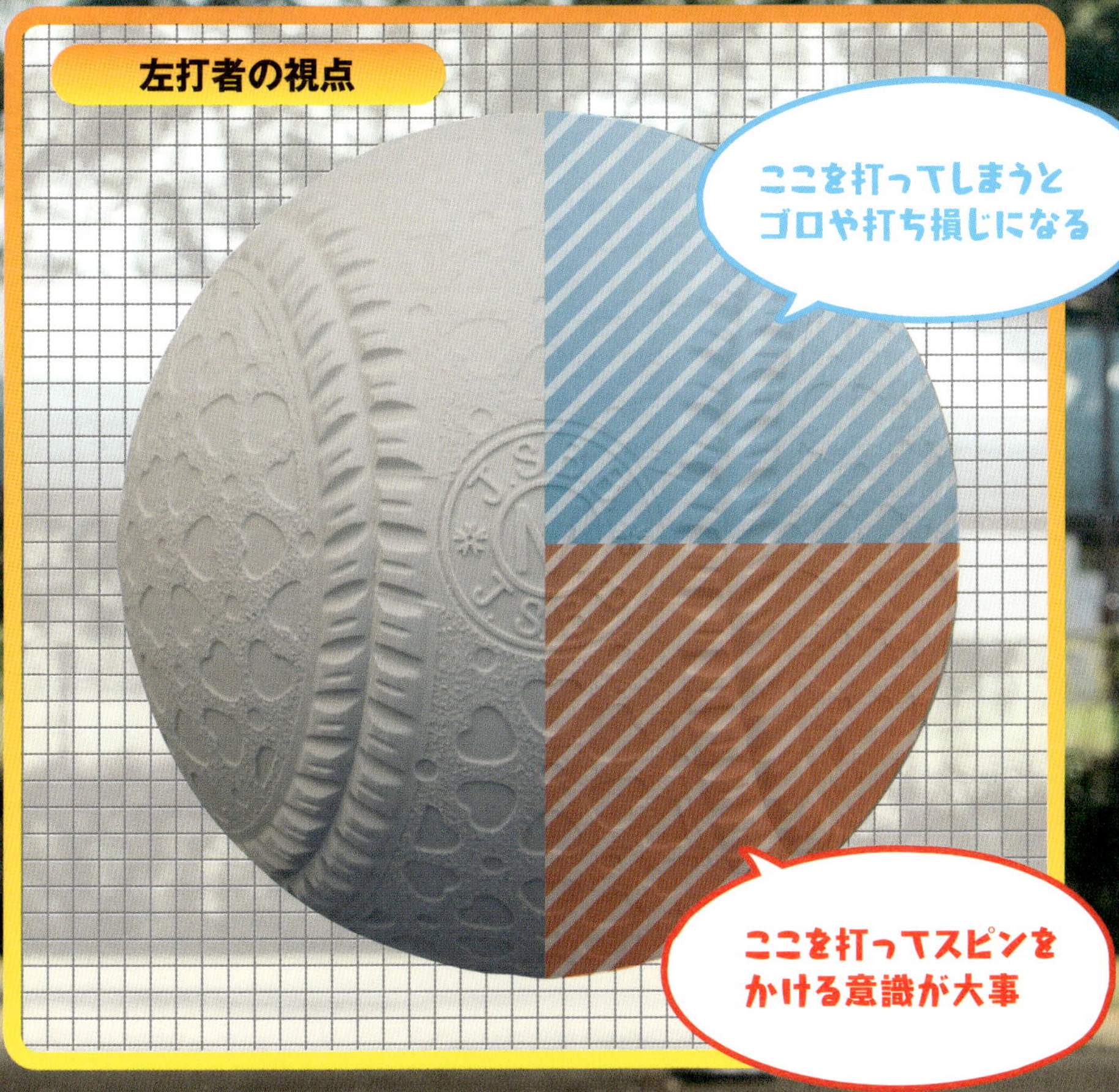
左打者の視点
ここを打ってしまうと
ゴロや打ち損じになる
ここを打ってスピンを
かける意識が大事

ボールが飛ぶ部分を叩け

スイングではボールのどこを叩くかという意識も大事だ。

基本的な考え方として、ボールは中心部分の数ミリ下を叩いたときに一番飛ぶ。ヘッドのスピードと質量から生まれる運動エネルギーがよく伝わり、なおかつ、打球にバックスピンがかかり、浮力が生まれるからだ。

このため、自分から見たボールを4分割したときに、自分側の下半分を叩くイメージが必要だ。実際の試合で、そこまで正確なコントロールはできないが、ティーバッティングなど、さまざまな練習を通して、意識づけをしていけば、バットが外側から出てボールの外側を叩いてしまうドアスイングも修正できるだろう。

BATTING 15

打球方向の意識は？引っぱり屋はレア？

バッターによっては、打球を飛ばす方向に意識を向ける選手もいる。

CHECK

プルヒッターは早くボールを叩くタイプ

ミートポイントが投手寄りで早く叩くタイプは、打球も引っぱり方向になりがち。だが、これだけだと進塁打などで苦労する。

CHECK

センターから逆方向はカラダの近くで打つ意識

打球はセンター方向に打ち返したときに飛ぶもの。だから、球場もセンターが一番深い。普通の打者はこれを意識するのが合理的。

極めてレアなプルヒッター

野球界には、「プルヒッター」という言葉もあって、とにかく引っぱりたいというタイプに対して使われる。

だが、実際にプルヒッターが多いかというと、そうでもない。試合では、ライト方向への進塁打を要求されるケースも多く、自然に引っぱりオンリーは消滅していくのだ。

だが、極めてレアな存在として幼少期から引っぱり専門の長距離砲で、そのまま役割が変わらなかった選手もいる。そんな選手はミートポイントの意識も多少前め、足の踏み込み方も違う。

このような特殊な人以外は、打球方向を変に意識する必要はない。トクサンもそっち側の考えだ。

踏み込む足にも
打球方向の意識は出る

BATTING 16

引き手と押し手の総合で打球は決まる

打球の強弱や方向は、引き手と押し手の兼ね合いで決まってくる。

CHECK 押し手は加速と力を担当

スピードや力といったパワー部分を司るのが押し手。手首が反ると力負けしてしまうので、長距離打者は手首を水平にロックさせ、押し込むように使うことが多い。

コントロールと押し込み

バッティングは下半身の動きからはじまり、カラダ全体の力を集約させて行う動作だが、最終的にボールを叩くのはバットであり、それを支えるのが打者の両手だ。だから、打球の質は手が決めると思っていい。

トクサン流の考え方では、スイングする前側の手である引き手はボールに合わせるコントローラー。後ろになる押し手は、加速やスピード、パワーなどを司る。コントローラーがミスをするとミートできないし、押し手がボールの勢いに負けると飛ばない。

そのため、ミートのうまい打者は、引き手の使い方に優れるし、長距離打者は、押し手での押し込みが強い傾向がある。

CHECK

引き手はコントローラー

バットをコントロールするのが引き手。特にインコースを打つ場合などは、引き手の使い方が重要になる。外のボールを拾うときなども、引き手だけで打つ感じになる。

BATTING 17

フォロースルーはそこまでの結果だ

スイングの最終パートのフォロースルー。ここにはどんな意味がある？

フォロースルーには
スイングの結果が反映される

高めをジャストミート

センター方向へ振りぬいた。そのまま、まっすぐ腕を伸ばすと力を吸収できないので、自然に上方向に大きな弧を描くフォロースルーになる。

高めのボールに合わせている状態。引き手がボールに合わせるように動き、インサイドアウトの形でバットが出てくる。

インコースを振りぬいた

インコースの場合は、前に振りぬくよりも回転で打つ形になる。フォロースルーも横方向に弧を描くようになるのが自然。

インコースに合わせるために引き手を抜くように使っている。インコースであっても、バットはインサイドアウトで使う。

スイングのチェックに

フォロースルーは、スイングすると、意識せずとも自然にそうなっていくバッティングの最終パート。あくまでスイングの結果なので、ここをどうこうしようと考えなくてもいいだろう。

プロのスラッガーでも、ホームランをかっ飛ばしたフォロースルーはめちゃくちゃカッコいいが、崩されて凡打したときのものは、正直ヘボい。

ただし、スイングがおかしくなり、ドアスイングになるとフォロースルーも小さくなる。逆にインサイドアウトは大きくなる。スイングの結果が反映されるのだから、チェックポイントとしては意味がある。いいスイングはフォロースルーも大きくカッコいいのだ。

COLUMN

熱く語るぜ！居酒屋談義

「なんで野球を続けるの？」壱

「トクサンTV」では、野球技術だけでなく、ときには、「なぜ、野球を続けるの？」という深遠なテーマに触れることもあったりする。

ライパチ （アニキのヒジのサポーターを見て）なんで、そこまでして野球を続けるのか？ しかも草野球ですよ。僕の場合は、そこで成長できるから、打って守れて、人生でいちばん野球が上達していると思っているからが大きい。そこで、30歳を超えた、トクサンが野球を続ける理由とは？

トクサン 人間って、社会を経験して大人になると、年なりに脳内が成長して、考える力や理解する力、分析する力などが伸びる。でも、それに反比例して体力は年を追うごとに衰えていく。だけど、それを阻止していくことで、技術はアップしていくらしい。プロにも40歳過ぎて活躍した選手がたくさんいる。その理由もそこにあるんだ。だから、「まだまだ、できる」、という感じかな。

ライパチ そこが草野球ということ？

トクサン そうだね、草野球でしかできないからね。プロ行けてないんだから。

サポーターをしてまで、野球を続ける理由とは？

次回はアニキがホルモン焼の煙の中、熱い思いを吐露するぞ！

TO BE CONTINUED 104ページへ

※登場人物のプロフィールはP127を参照

PART

2

トクサン

バッティング悩み相談室

バッティングは、よく打てて3割。逆に言えば、7割が失敗という成功率の低いプレーだ。だから、どんなバッターでも、「もっと打ちたい」という気持ちや、悩みを抱えてしまう。ここでは、よくある打撃の悩みについて、解説してみよう。

トクサンTV de マンガ 03

トクサン悩み相談の日々

自身の打撃追求だけでなく、視聴者やライバチたちの悩み解決にも奔走するトクサン。トクサンTVでも、多くの悩みを検証し、解決法も紹介しているぞ。

開かない人は前足側で壁をつくれるんだけど
開く人は足が早く回ってしまう
そこで 前足のカカトに缶やボール、雑誌などを入れる
こうすれば前足が回らない
ライパチは普通に振ると開きが早くてグラグラするね
グラッ
そこで缶を入れてスイングすると…
缶つぶしとるやん
ボコッ
上体だけで振ると開く形になりがちしっかり下半身を使うこと
アニキも挑戦…
ブルーーン
なんか木こりみたい…
みなさんも挑戦してくれ!
トクサンTVでも視てみよう!

Question
Q01 ウザいです ピッチャーの組み立て

ピッチャーは、どうしてこんなに打ちにくいことをしてくるんだ（怒）！

低いところに変化球

試合で対するピッチャーというのは、よくもここまでと思うほど、バッターにとって、うっとうしい存在だ。

ただ球が速いというタイプは、まだわかりやすい。高めに浮いた球なら、ジャストミートもできる。

だが、たいして速くないのに「なぜ、ピッチャー？」というタイプほど、対戦すると妙に手ごわい。低いところに飄々と投げてくるのだが、打てない。しかも、微妙で多彩な変化球も織り交ぜ、とにかく厄介だ。

無様に泳がせてやる
苦しく詰まらせてやる
無力に見送らせてやる
とにかくハメてやる!
SLOW-BALL
FASTBALL
IN-COURSE
OUT-COURSE
MOVINGBALL
BREAKINGBALL
Answer

「それは野球の仕様です」

ピッチャーは、バッターの天敵だ

野球におけるピッチャーのミッションは、バッターをアウトにすることだ。だから、彼らはできることをすべて投入して、その目的を果たそうとする。球が速いピッチャーならば、それを最大限に活かそうとするし、遅いならば、それを補う緩急や変化球、組み立てなどで攻めてくる。そもそも、野球とはそういう遊びなのだ。ならば、そんな頭脳戦も含めて楽しむ方がおもしろい。それがバッティングの奥深さにもつながる。

Question 02

内も外も打てねぇえええ!

とにかく打ちたい! でも、アウトコースもインコースもダメだぁ。

ねらいを絞ってみたが

「来た球を打つ」というシンプルな精神で打席に入ると、なんでも振って、3球で終わった。

そこで、内か外にねらいを絞って打つことにしてみた。これならば、読み通りに来ればジャストミートだ。だが、今度は内だと思えば外、外を待つと内が来る。相手は、自分の待ちがわかるのか?それとも、自分の運が悪すぎるのか?結局、追い込まれて空振り三振だ。

とにかく、内も外も打てない。そんなときがある。

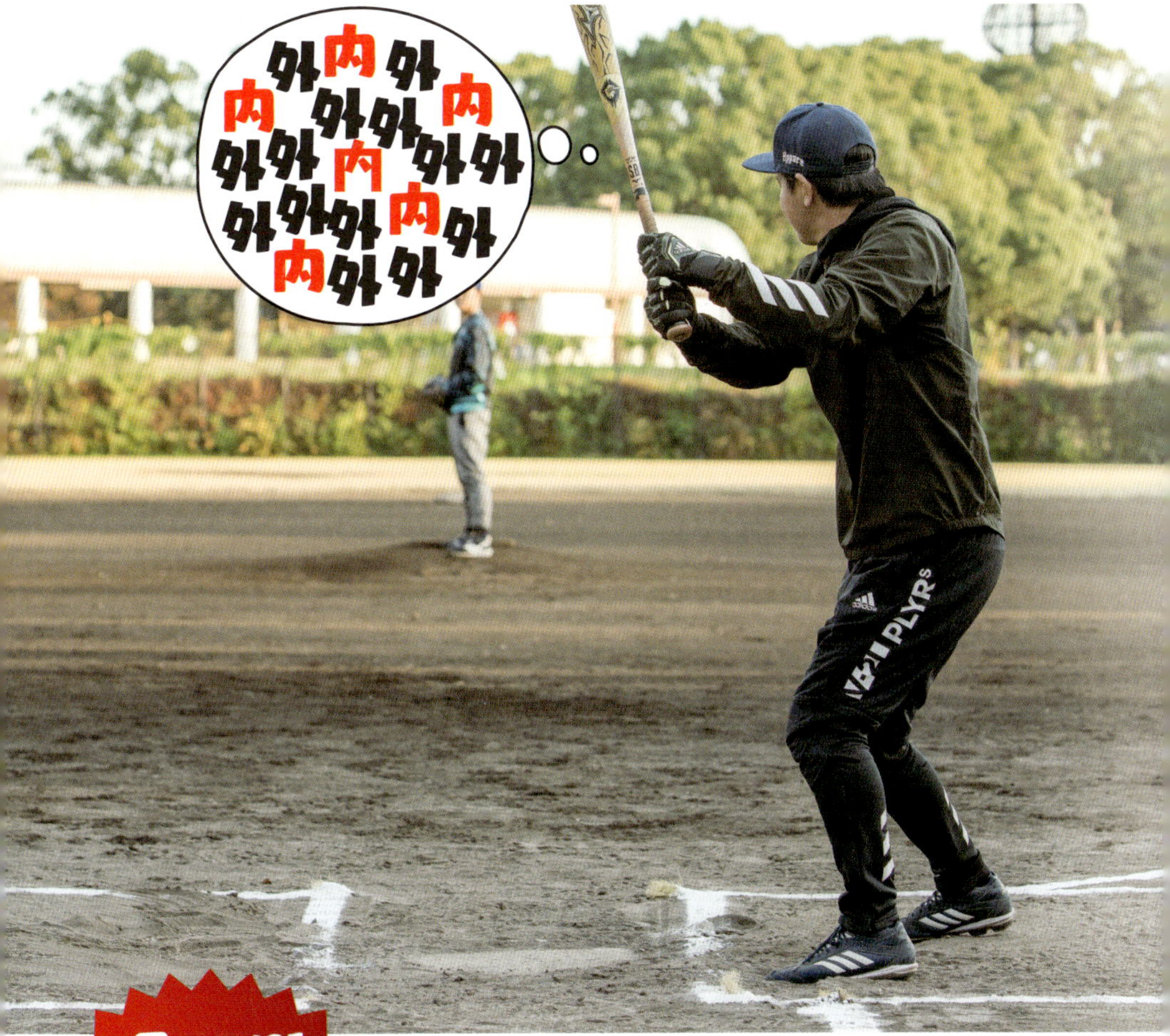

ねらいを絞りすぎでは?

広めに構えないと普通は打てないもの

ねらいを持って打席に入るのはいいこと。でも、この場合は一方にねらいを絞りすぎのようだ。若かりし日のトクサンは、「内を待って、外に対応」というようなこともしたが、それでも「内7に対して外3」くらいの意識だった。ねらうのであっても、もう少し頭の中に逆の準備をしておくべき。「脳内全部がインコース!」では、外は絶対打てない。少しの準備があれば、カラダは反応してくれる。人間のカラダは、そんなものなんだ。

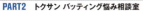

Question 03

いつも、外ばかり攻められます

アウトコースは打ちにくい。でも、やっぱりここを攻められる……

なんで外ばっかり!?

「好球必打はバッティングの基本である！」と、意気込んで打席に入ったのだが、1球目、アウトコースへの投球。振っても凡打なので見送ると、「ストライク！」のコール。「次こそは」と念じて待つと、また外に来る。「外れた」と判断して見送ると、また、「ストライク！」だ。次は1球外すだろうと高を括ると、外角低めに「ズバンッ！」とストレート。手も足も出ず三振した……。

「コーチ！なんでこんなに外ばかりなんですか！」

バッターはカラダから遠く打ちにくい
ピッチャーは当てる心配がなくて投げやすい
それがアウトコース

Answer

それが普通

8割はアウトコースと思うべき

実はピッチャーにとってアウトコースは投げやすい球。インコースは打者に当ててしまう恐怖感があり、本能的に投げにくいのだ。だから、インコースを突くのはプロでも難しいことで、アマチュアならば、なお困難。そんなわけで、投球の8割はアウトコース、いや8割5分までそうだと思っていい。ピッチャーにとっては、アウトコースがねらうど真ん中であり、バッターにとっては、それを打つのが基本ともいえる。

Question 04

たまに来るインコースが苦痛です

アウトコースが基本らしいですが、たまに内を突かれて、苦しいです。

手に残る嫌な感触

「投球の基本はアウトコース」と認識を新たにし、打席に臨んでみる。たしかに、1球目はアウトコース。でも、低くて打ちにくいので、これはパス。

「次こそは追い込まれる前に打ってやる」と外ねらいで踏み込むと、そこにインコース！

ビィイーンと痺れ、手に残る嫌な感触。ピッチャーにも届かない変な回転の打球。バットの不思議なところに残るボールの跡。

そういえば、インコースって、うまく打てないんだよな……。

たまに来るから
ねらってみると楽しいよ！

たしかに、投球の8割はアウトコースなのだが、たまに来るのがインコース。この「たまに」というのが大事なところで、つまりはバッテリー側にねらいがあって、投げるもの。ならば、読んでねらうこともできる。ただし、インコースを打つには、少し特殊なテクニックが必要で、引き手のヒジを抜くように使うことが大事。これは練習で身につけるべきものだ。できるようになったら、内が来そうな状況で、積極的にねらってみよう。

Question Q 05

変化球がサッパリ打てません

ピッチャーたちが投げてくる多彩な変化球。これ、どう打てばいいの？

スカッ
ナンじゃ
コリヤああ！

緩急差に惨敗

「アウトコース主体に待って、インコースも準備だ！」

頭の中を整理して、「ここでこそ打ってやる」と入った打席。残念ながら、追い込まれてしまったが、2球目のファウルには手ごたえを感じた。

「さあ来い、今度こそ打つ」

だが、運命の1球。コースは外に来たが、なぜかボールがいつまでたっても来ない。空を切るバットに、「チェンジアップですかぁ～」という、虚しい心の叫びが響く。これ、どうやって打つの？

アタマの準備が大事

これがないと、マジで打てない

変化球を打つためには技術も必要だが、それ以前に頭の準備ができていないと、マジで打てない。本来、ボールはストレートの回転で投げられたときに、一番速度が出る。変化球とは、そのストレートとは違う回転（もしくは無回転）を与えられるもの。必然的にストレートより、遅くなるのだ。このスピード差も考慮し、「ストレートより遅く来る変化球」も意識しておかないと、対応できる幅はとても狭くなってしまう。

Question 06

変化球って、一杯種類があって嫌だ

毎年のように増えていく変化球の種類。もうお腹一杯です。

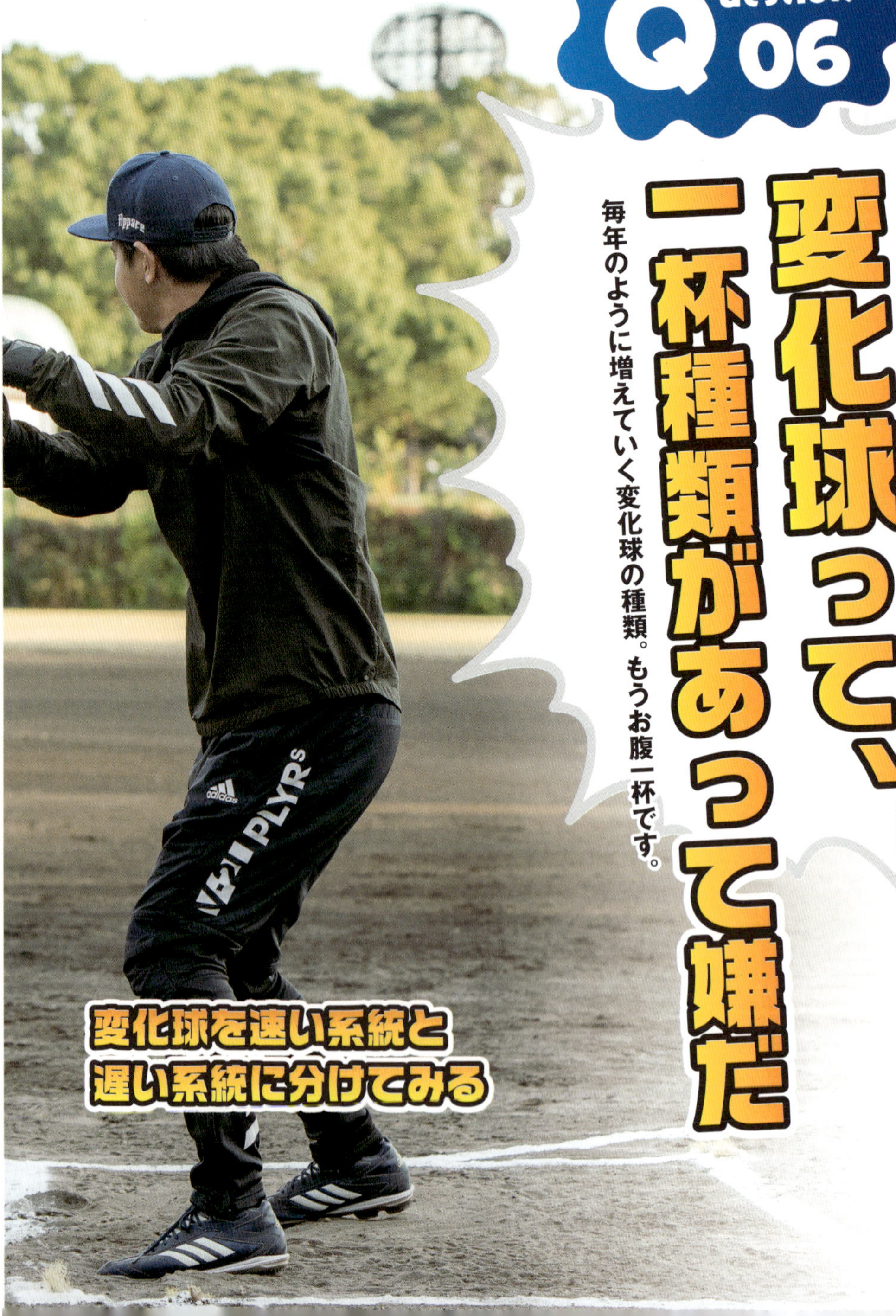

変化球を速い系統と遅い系統に分けてみる

呼び方も混乱

「変化球を意識するためには変化球を知らねば！」と考え、ネットで検索してみた。すると、有名なものだけでも、数十種類もある。しかも、同じような握りと変化なのに、「フォーク」と呼んだり、「スプリット」と呼んだり、わけがわからない。同じピッチャーの変化球でも、解説者によって呼び方が異なる。同じものか、ちょっとだけ違うのかも不明だ。

「コーチ！これ、全部おぼえて、全部の打ち方をマスターしなきゃいけないのでしょうか？」

脳内整理してる？

ストレート系とタイミング系

変化球の名前というのは、投げているピッチャーがそう呼ぶことで命名されることも多い。これに、いちいちバッターがつき合ってやる理由はない。バッターにとって大事なのは、どんな軌道で、どのスピードで来るかという部分。そう考えれば、打つ側視点の整理ができる。シンプルなのは速めのストレート系と、遅いタイミング系に分けてしまうこと。コースに対してはカラダの反応で対応するイメージだ。これで混乱しなくて済む。

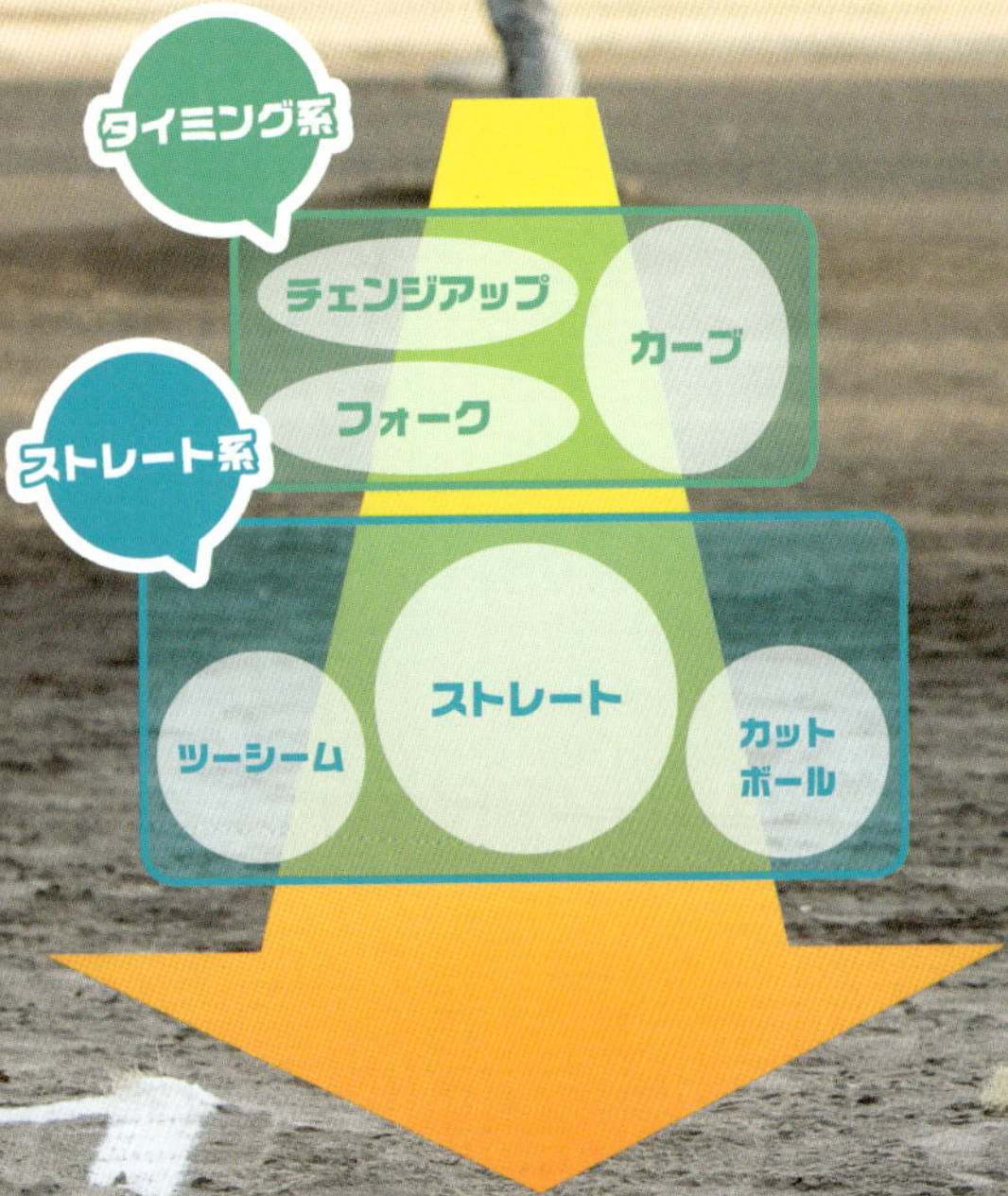

スライダーがっ不得意だぁ！

Question Q07

外に逃げていくスライダーに
いつもやられる。もう嫌です！

インコースは
避けないで
いい！

外から外へ逃げる

右バッターにとって、右ピッチャーが投げるスライダーは、外に逃げていく軌道になって、とても厄介。ストレートに近いスピードを持っているので、「外角のストライクゾーン」と判断すると、「ボール球でした」と外に逃げる。だが、残念ながらバットは出てしまっている。

しかも、このスライダーを使うピッチャーがやたらと多い。軟式の草野球であっても、どいつもこいつもスライダーだけは投げる。もう、ピーマンよりも嫌いだ。

Answer

スライダーは国民的変化球

嫌っちゃ、ダメ! 克服しよう

スライダーは直球の握りを少しズラすだけで投げられることが多い変化球。しかも、日本人に合っているようで、国内ではプロアマ問わずよく使われる国民的変化球だ。嫌っていては、勝負にならない。攻略する場合、意識するのは外よりも内。肩口に入ってきたスライダーを避けてカウントを稼がれ、外で仕留められるケースが多いので、インコースを避けないくらいの気持ちで挑むと克服しやすい。軟式ならば当たっても痛くないのだ。

ムービング系もう、ムリです

ストレートのように見えて、少しだけ動くヤツら。こんなのムリ!

Question 08

日本人打者を苦しめる

近年流行の変化球に、ストレートと同じように来て、ほんの少しだけ変化するムービング系がある。MLBや国際大会でも、日本人打者を苦しめるニクいヤツだ。

海外だけのものなら、まあ、仕方ないとも思えるのだが、いつのころからか日本でも使われるようになってしまった。おかげでこっちは、「ドンピシャ!」と思って振っても、微妙に打ち損じてイライラメーター全開だ。

「誰だ! こんなもん持ち込んだのは(怒)!」

要はあまり変化しない

ストレートの幅を広げる気持ちで

元々、海外の投手はボールをキレイに握らない傾向があって、あちらのボールは動いていた。これが日本にも入ってきて、「ツーシーム」や「カットボール」などが使われるようになった。少しだけ動いて面倒な存在なのだが、裏を返せば、少ししか動けないわけで、ストレートの亜流と考えればいい。的確に芯でとらえようとするから、うっとうしいわけで、ストレートの幅を広げる感じで対応すれば、それなりにヒットも出るものだ。

Question 09

ツーシーム最近、多すぎだ！

近年は誰もが投げるツーシーム。かなり、面倒な存在だ。

右対左だと、少し外に逃げる球

シュート方向に動く

ムービング系の変化球の中でもツーシームは、日本で爆発的に流行したといえる。ストレートと同じ握りで、縫い目への指の掛け方を変えるだけでできるだけでなく、たいていの場合、シュート方向に少し動いて落ちる。

それまで、多くの投手はシュートという変化球を投げられなかったし、同じ方向への変化球も持っていなかった。そんな中、ツーシームの登場は便利だったわけだ。右投手が右打者の懐を攻めるなど、投球の幅が格段に広くなった。おかげで、打者の苦労は増えるばかり……。

だから、もう一度言おう。

「誰だ！こんなもん持ち込んだのは（怒）！」

振り切るとゴロ率アップ！

あえて振り切らないのもアリかも

ツーシームはシュート方向に少しだけ曲がって落ちるボールになる。右ピッチャーが投げた場合、左打席で対するトクサンには、少し逃げていく軌道になるわけだ。この球を強打しようとすると、引っかけてゴロになることも多い。そこで、「あえて、振り切らない」という道があることも知ってほしい。振り切らないことで、比較的素直な形でボールをミートできるので、ヒットになる、ファウルで逃げる、という可能性が上がるのだ。

外国人のように打ちたいです！

フルスイングして、ドカーンと飛ばす。
そんな打者になってみたい!

Question 10

フルスイングに憧れるゼ

メジャーリーガーやプロ野球の外国人選手を観ていると、猛烈に熱い気持ちになってくる。

落ち着きない人にさえ見えるほど、小刻みに動く構え。何やってるのかわからないほど速いが、はね上げられるヒジ。強烈なフルスイング。ドカーンと飛ぶ打球。カッコよすぎるゼ！

でも、練習などでマネしてみても、なぜか、すさまじく振り遅れて、打てない。

「コーチ！彼らと私の、いったい何が違うというのですか？」

極限まで
ボールを引きつけ
それでも振り遅れない
強烈なスピード！
インパクトで
1ミリさえも
ボールに負けない
鬼神の剛腕！
動くボールにも
崩されず
爆発的パワーを生む
下半身！
これらすべての
能力を備えれば
メジャーリーガーの
スイングも可能だ！

Answer

肉体のスペックが必要

ツワモノならば、ぜひ、どうぞ

MLBの長距離打者らのスイングは、そのスイングスピードの速さと、あぜんとするほどの飛距離で、とにかく爽快だ。彼らの打ち方は一種の理想ともいえ、とことんまで呼び込んだボールを、極限のスイングスピードで打つことに本質がある。そう、彼らは超人的な肉体スペックを誇っていて、さらに、打撃メカニックが確立している。だからこそ、あのスイングができる。もし、どうしてもやりたいときは、まず、超人になろう。

Question 11

なんというか、打てる気がしません

どうしても打てるイメージがわかない。打席に立つのも嫌な感じ。

ドーン
あかん、打てるイメージありまへん
APPARE

魔球に心折れる

「今日の相手は、どんなピッチャー？ 要チェックや！」

とりあえず1球目は見ることに専念すると、見たこともない軌道でミットに突き刺さるボール。「今の何？ スライダー？ 落ちたんですけど！」とハートに痛恨の一撃。

「もう1回見せてくれ」と心に願ってみたが、その後はストレートを投げられ、最後はツーシームで凡打させられた。

「コーチ！ あんな魔球、打てる気がしません！ 私は間違っていますか？」

あの
スライダーは
捨てよう
ツーシームは
先っぽでＯＫ

Answer

ムリなことはムリ! と思える強いハートも必要

試合をしていると、とんでもない強敵に出会うこともある。魔球のような変化球を見てしまうと、打てる気もしないだろう。そんなときは、相手のウイニングショットは捨て、「ムリなものはムリ」と考えることも必要だ。ただし、ただ投げ出すだけではなく、できることを探すのが大事。失投やカウントをとるボールをねらう、詰まっても、先っぽでもいいと考えるなどだ。やるべきことが整理できると、案外、打席に立つのも怖くなくなる。

Question 12

気がついたら突っ込んでいます

なぜかボールに向かっていってしまう。ツッコミ担当になってしまった？

フォームが変だ

あまりに結果が出ないためか、何でもかんでも手を出すようになってしまい、いつの間にかフォームも変になった気がする。

緩い変化球に泳ぐだけならまだしも、ストレートを打つときもポイントが前。低めを打つだけで泳ぐような形になっている。

「今日も盛大に突っ込んでますなぁ」と声を掛けられると、ボケにさえなってない言葉に「なんでやねん！」と返してしまう。

「コーチ！私はツッコミ担当というポジションですか？」

カカトにボールを入れる

この練習でクセの矯正になるよ

スイングするときの重心は人によってさまざまで、前足に乗り気味のバッターも別に悪くはない。でも、早く前足に乗りすぎると、下半身と上半身の動きに「間」がつくれず、突っ込み気味のスイングになる。対応できる範囲も極端に狭くなるので、結果は出ない。そこで、矯正するために前足カカトにボールや雑誌などを置き、スイングの練習をしてみよう。こうすると、前足が折れにくくなり、自然に突っ込まなくなるんだ。

Question 13

変化球に泳ぎ疲れました

バッターボックスで泳ぐ、プールでもないのに、また泳ぐ。

泳ぐならプールがいい

夏は野球漬けだった。ほとんど休まず、野球を練習した。うまくなったと思っていたのだが、疲れているのか、下半身がヘロヘロなことが多く、ヒットが出ない。というより、繰り返し変化球にやられている。

そういえば、野球用語では、遅い変化球などにカラダが前に出てしまうことを「泳ぐ」と言ったなぁ。プールも行ってないのに、今年はたくさん泳いだなぁ……。

「コーチ、夏の終わりに、泣いていいですか？」

下半身での粘りが大事

ところで、前で粘る？ 後ろで粘る？

変化球、特にカーブやチェンジアップといった遅いボールに対応するには、下半身での粘りが大事。ここで粘ることで上体の動きを少し遅らせ、ミートにつなげるのだ。だから、下半身の強さはバッティングでは重要なんだ。ところで、粘るときは前足側で粘る人と、軸足側で粘るタイプがいる。また、前足に乗ってから、軸足側に戻る力を使うテクニックも。スイングでの重心の置き方に関わるので、自分のスイングに合った粘り方を探そう。

Question 14

さっぱりタイミングがとれず…

「エイ!」と振っても、タイミングが合わず空振りばかり。どうして?

空振ってからの〜
おっとっと

タイミングって何？

ピッチャーのフォームとボールに合わせているつもりなのだが、どうもタイミングが変。

そういえば、ミュージシャンは「ワン、ツッ、ジャーン♪」と、うまくタイミング合わせているよなぁ。じゃあ、バッティングも同じだろうと、「イチ、ニ、サン！」と勢いをつけて振ると、豪快に空振ってしまい、バランスが崩れて、おっとっと。

「コーチ！私に足りないのは音楽の才能ですか、それとも、打撃の才能ですか？」

足や手の動きで合わせる

Answer

静から動は難しいもの

動きながら合わせる工夫を

音楽の世界で指揮者のタクトにタイミングを合わせる場合、彼らはどこか一瞬に合わせ、いきなり演奏しているのではない。タクトのスイングに合わせ、自身もどこかをスイングさせて、その動きに同調させている。バッティングの場合も同じで、ピタリと止まった状態からボールに合わせることは困難。自身のどこかを動かし、これを徐々に同調させるイメージを持とう。「静から動」ではなく、「動から動」だ。

ドアスイングと言われます

なぜか、自分だけ変なフォロースルー。
もしや、これがウワサのドアスイング？

Question 15

なんか
オレだけ変な
スイング？？？

扉が開くように

あまりにバットにボールが当たらない。そこで、「どんな球でも食らいつく」という強い心を持って打席に挑むことにした。

すると、当たることもあったが、それ以前に何かフォロースルーが変な気がする。ヘタクソな人が刀を使ったような動きだ。

そこに心を通わせた球友たちから「ドアスイングになってるぞ～」との生暖かい声。

「コーチ、強い心のつもりが、いつの間にか心の扉を開いていたようです！」

手から動くとドアスイング

その理由は力みにある

バットがドアを開くように出てくることから、「ドアスイング」と呼ばれる症状。トクサンも左打者をはじめたころ、これに陥った経験がある。そして、この最大の理由は力みにある。人間は力むと自然に手に力が入るもの。こうなると、下半身主導であるはずのスイングが、手から動く形になりがちで、グリップがカラダから離れ、そこからボールを叩きにいく形になる。力が入る場面こそ、リラックスして下半身から動くこと。

Question 16

スランプが来てしまいました

打っても、打っても、凡打の山。こんな山は登りたくない！

断末魔のような顔

ある試合、立て続けにチャンスで打席が回ってきたことがある。華々しく長打を放つ自身をイメージトレーニングして、打席に入ったのだが、フライ、ゲッツー、さらにフライという地獄のような結果に終わった。

その後は、チャンスで回ってくるのが、少し怖くなった。いつの間にか、ランナーなしでも打てなくなり、フライを上げた瞬間に断末魔のような顔になるクセがついてしまった。これがスランプなのだろうか。

「コーチ、地獄とか断末魔とか、お坊さんの世界じゃなく、野球の世界に戻りたいです！」

打ったるでぇ！
飛ばしたるでぇ！
自分史上最大のジャストミートしたるでぇ！

Answer

予兆は、なにかを“欲しがる”こと

戻るところを用意して!

スランプは誰にでも起こりうる。この予兆は、何かを「欲しがる」とき。つまり、「さらに飛ばしたい」や「キレイに打ちたい」などの欲だ。これが芽生えると、無意識の中、フォームは崩れていく。たいてい、多くのアドバイスが来るが、それを全部受け入れると、さらにフォームは無茶苦茶に。大事なのは戻るところを自分で用意しておくこと。「軸足でタメてから振る」など、自身が崩れるポイントを知り、修正できるようにするんだ。

Question 17

足を活かしたいんですけど

左打者で足が速い。ならば、内野安打ねらいもしたくなるもの。

三塁線に転がして
内野安打ねらいダァーッ！

三塁方向に転がせば……

左打者は右打者よりも一塁に近いので、一塁到達が早く、有利とされている。しかも、自分は足に自信があるタイプ。三塁方向に転がす打球をねらえば、内野安打を量産できる気がする。そういえば、イチロー選手がMLBで安打記録をつくったときも、多くの内野安打を打っていたではないか。やれば、できるはずだ。

しかし、試合でやってみると、脇目も振らず全力疾走しているのに、なぜか微妙なところでアウトになってしまう。なぜ？

わかっていたら
チャージする
のが野手！
軟式だったら
どんどん前に
出るゼェ！

Answer

野手が猛チャージしてくる

内野安打ねらいは現実的じゃない

プロ野球などの場合、打球速度が速いため、内野手はベースよりかなり深い位置で守る。彼らは肩も強いので、そこから投げてもアウトにできるからだ。このため、弱いゴロでは内野安打もあり得る。しかし、アマチュアではそこまで深く守らないし、ボールが怖くない軟式ではベース横くらいが定位置。転がしてくる打者には、猛烈にチャージするのだ。当然、簡単にアウトになるので、内野安打ねらいは現実的じゃない。

パワーを生み出す
下半身！
力を上体に伝える
体幹！
ボールにすべてをぶつける
上体！
バッティングに
マッスルは必要だ！

Answer

筋トレしてOK!

野球の練習と組み合わせて

プロ野球選手が、筋トレの影響で調子を崩したと言われることはある。だが、それはある部分に筋肉がつき過ぎたためであり、筋トレが不要ということにはならない。それどころか、筋力はバッティングにおける重要パート。大きな力を生み出すのは下半身だし、それを上へと伝える体幹が弱いと、せっかくのパワーがムダになる。最後にボールを叩く腕や胸の筋力も大事だ。野球の動作に合うよう、野球の練習と組み合わせることが重要だ。

Let's train muscle!
Victory!!!!

筋トレしたらカラダが動かない？

どこかで、「野球に筋トレはよくない」という話を聞いた。本当？

Question 18

筋トレの悪夢

冬が嫌いだ。日が暮れるのが早かったり、グラウンドが雪や雨でぬかるんだりで、ボールを使った練習が少ない。そうなると、その時間を埋めるのは、基本的にフィジカルトレーニング。多くはカラダを苛め抜くもので、野球人にとって、冬は筋トレの悪夢を見る季節だ。

だが、プロ野球選手が、「筋肉をつけたために、カラダの動きが悪くなり、状態が上がらない」などと評されることがある。「ケガをしやすくなった」という論評も聞く。あの苦しさが無用のものだったとしたら、自分の青春は何だったのかと、思えてしまう。

「コーチ、筋トレさぼっていいっスか？」

打席でどこを見ればいい？

打席に入るとき、どこを見ている？
実はよくわかっていない。

Question 19

野手の位置を確認して後は全体視などで落ち着く

打席でガンを飛ばさない

プロ野球選手などは、打席に入る前にルーティンの動作をしながら、あっちこっちを見ているように思う。あれって、何を見ているのだろう？

打席での視線の置き所もわからない。相手ピッチャーの顔を見たら、目が合ってしまい、「ガンの飛ばし合い」みたいになってしまう。だからといって、手や足を見ていると、全体が見えずに変なタイミングになる。

「コーチ、野球も恋も、見つめることって難しいですね」

高めを
ねらっていく
低い方は
振らない

Answer

視界もねらいも狭くなりがち

おおまかにねらっていこう

トクサン流の目の運び方を説明してみよう。まず、打席に入る前に内野の位置を確認。今度は、あえて球場全体を見る。これは集中して視野が狭くなりがちなので、一度落ち着くため。次は、ルール違反にならない程度に、キャッチャーの位置も意識（※）。そして、最後はセットする前のピッチャーの胴体に視線を送り、全体をボンヤリ見る。集中して思考や視野が狭くならないようにして、コースもおおまかにねらっていく感じだ。

※サイン盗みにならないよう、ベースを見るときに視界に入る程度

Question 20

練習って量より質ッスよね？

トレンドは「練習は量より質」らしい。なんて、すばらしい言葉なんだ!

いったい、何回振ればいいんですかね？

量は時代遅れ？

昭和の野球マンガを見ていると、血しぶきを飛ばしながら、異様な数の素振りをこなす姿を目にする。だが、最近は「メカニックに沿った動きを効率よく身につける○○式メソッド！」みたいなものも多く、時代は変わったようだ。練習は「量より質」という言葉をプロアスリートも話している。むやみに数をこなすのは、時代遅れの方法論なのかもしれない。

「コーチ！ そんなわけで、今日の練習は〝質〟でいきましょう」

コースごとの
スイングなどは
数をこなさないと
身につかないよ
Answer

質ももちろん大事

でも、量もめちゃ、大事

2000!

練習の質は、当然大事だ。悪い形を何度も繰り返せば、悪い形が身につくだけ。これは最悪の状況だ。でも、だからといって、量が不要かといえば、そんなことはない。いい形を身につけ、脳とカラダにおぼえこませるためには、何度も何度も、その形を繰り返さなければならないんだ。打撃におけるコースごとの振り方などは、こうしておぼえないと、試合の中で瞬間的に出てこない。質だけでは限界もあるんだ。

寄る年波には勝てませんか？

野球を続けてきたけど、年齢も重ねてきた。
そろそろ、キツい気がする。

Question 21

なんか、だんだん
キツくなってくるわ〜

野球と生きて数十年

少年野球チームの一員となってからの数十年。野球と一緒に歩んできた人生だった。でも、気がつけばオッサン年齢だ。

そういえば、バランス感覚は20代後半から衰えるんだったな。サッカー選手なんか、30歳過ぎたら、代表引退したりするよな。足も遅くなったし、肩も弱くなった。「もっとうまくなる」と思ったけど、もう、これから先、うまくなることなんて、ないのかな。

「コーチ！私にキャリアハイって、ありましたっけ（泣）？」

ストレート捨てて
変化球に
合わそうかな
バットを
短く持って
スタンスも
微調整だ！

Answer

40歳過ぎても、うまい人はいる
野球は頭も使う ピークはまた来る

たしかに、肉体のピークは20代後半とされるのがアスリートの世界。いくらケアしても、落ちるところは落ちてくる。でも、野球においては、それは一部でしかない。野球は若い人が考える以上に頭が要求されるスポーツ。プロでも140mの飛距離が120mになっても、本塁打を量産する打者がいれば、150km/hの球速が130km/hになっても、勝ち続ける投手はいる。経験や思考を積むことで、ピークはまたやってくるんだ。

COLUMN

熱く語るぜ！

居酒屋談義

「なんで野球を続けるの？」弐

野球を続ける理由について聞くライパチに、成長というキーワードで答えたトクサン。さらに、同じ質問はアニキへも……。

ライパチ　では、アニキが40歳を過ぎて、全力で草野球を続ける理由とは？

アニキ　俺には持論があってね。野球って小学校時代に親がやらせることも多い。そこで、礼儀や人間関係なども学ぶ。中学になると、もっとレベルの高い礼儀などにもなっていく。これは大事。そこから、高校や大学になると、ものすごい人数が入ってくる。そろそろ、野球でプロに行けないのは、わかっているのに、「なんで野球部入るねん？」となる。その答えには、「成長できる」という部分が絶対にある。野球がいちばんじゃない。野球以外の勉強でもいい、「成長」が大事。野球には「球道即人道（きゅうどうそくじんどう）」という言葉がある。野球の道を求めれば、そこに人の道がある、という意味。だから……。なんや、煙厳しいんか？

アニキの熱弁はホルモンの煙に勝てるのか？

ホルモンを焼く炎よりも熱く、アニキの思いは続く！

TO BE CONTINUED　118ページへ

PART

3

もっと楽しむぞ！

バッティングの周辺

バッティングの練習って、ティーバッティングや、素振り、フリー打撃、といつも同じものばかりになりがち。これでは、飽きてしまって、いい刺激にならない。そこで、ここでは、少し違った練習法や、そこで使う野球ギアなどを紹介してみよう。

トクサンTV de マンガ 04

道具の工夫でうまくなれ

野球には、さまざまな道具や練習用アイテムがある。これらを上手に使っていくのも野球の楽しさ。トクサンTVでも、さまざまなアイテムを紹介しているぞ！

このバットのスピードにカラダが慣れようとする
ビューンッ
なんか1テンポ余裕ができますね
そうそう
続いて3球続けて打つ3連ティー
このとき外野へ飛ばすくらいの勢いで打つことが大事
連ティーの意識変わりますね
そして最後に通常のバットで振ってみる
カラダにキレが出たことでボールを呼び込めるようになった
グゴゴゴゴ…
カラダにスピードを覚えさせるのも大事なんだ
少年用でも意味あるんスね
トクサンTVでも視てみよう!

楽しいぞ！
「素振り」

いろいろあるぞ 素振りの目的

素振りをつまらないと思っているキミ! 素振りは大事で楽しいんだ。

素振りはフォーム
固めだけじゃない！

カラダに記憶させる

バッティングの練習といえば、とにもかくにも素振りだ。もし、バットを振るだけでつまらない、と思っているならば、その選手は、まだまだバッティングがわかっていない。

まず、素振りの大きな目的は、フォームをカラダに記憶させること。いい形での素振りを何千、何万と繰り返すことで、試合の中でも瞬間的にそのスイングができるようになる。

また、スイング動作で使う筋肉や神経のトレーニングにもなる。振ることで鍛えるわけだ。どんな意味で振るかが大事だ。

トクサン流 素振り3選

コースごとのスイングを身につける ▶▶▶「9カ所素振り」

下半身をきたえるトレーニング ▶▶▶「超スロー素振り」

足を着いたら一度止まって振る ▶▶▶「変化球対応素振り」

目的が異なる3つの素振り

トクサンが重視している素振り3つを紹介しよう。「9カ所素振り」はストライクゾーンを9分割し、それぞれを10回ずつ振るもの。各コースのスイングをおぼえる目的だ。特に低めを振るときはヒザを使い下半身で振る感覚が大事。「超スロー素振り」は、数十秒かけて、ゆっくり振ることで、下半身などをスイングの中でトレーニングする。「変化球対応素振り」は、前足を踏み込んだところで一呼吸止まり、そこから振る素振り。変化球に対応する「間」の練習になる。それぞれ、やってみてほしい。

トクサンTVでも視てみよう!

楽しいぞ！「バット」

バットで変わる練習の意味

たまにはいつもと違うバットを振る。すると、意味が生まれるんだ。

バットを変えると
練習効果も違ってくる

バットを変える意味

いつも試合で使うバットを振ることは大事。でも、たまには違うバットを振る。すると、その違いが練習の意味をつくる。

たとえば、重いバットを振ると、スイングの動きの中で負荷を高めて、筋力や神経をトレーニングできる。逆に軽いバットにすれば、その軽さがスイングの速さを生み、スピードをカラダに記憶させられる。

その後は、必ずいつものバットを振る。力や速度という違うバットで養われた感覚が、いつものバットでのスイングに加わり、効果を発揮するんだ。

超ロングバットでフォローを大きく

カラダ全体で振る感覚をつくる

長いバットはカラダ全体を使わなければ振れない。そのため、手打ちではなく、下半身からカラダ全部で振る感覚が養える。バットではなくトンボでもOKだ。

トクサンTVでも視てみよう!

ミニボールと細い棒でミート練習

ミートと集中力が磨ける

鉄棒のような細い棒とゴルフボール大の小さなボールでティー打撃をする。ミートと集中力が養える。棒がすっぽ抜けると非常に危険なので、抜けない工夫を!

トクサンTVでも視てみよう!

楽しいぞ！
「変則打ち」

振り方を変えて意識づけをしよう

あえて、振り方を変えることで、意味が生まれる練習もあるぞ。

テーマを設ければ
意識づけできる

横着したらダメ

素振りやティーバッティングで、いつも同じコース、同じスイングをしていたのでは、限られた状況を練習していることにしかならず、さらに飽きる。

そこで、あえて違うことをやってみるのもいい。たとえば、すばやく連続してボールを出してもらう「連続ティー」ならば、回転のキレを意識した練習になる。

ただし、この連ティーでも、手先だけで振ったり、前に体重をかけ気味になったりすると、逆効果。忙しくても重心を後ろに戻し、横着せずにやらないと意味がない。注意しよう。

高低ティーでカラダの上下を意識

低いボールと高いボールでティー

高いボールは顔付近にボールをもらい、短い時間で振る意識を。低いボールはヒザの高さにもらい、下半身を大きく使う意識を養うティー打撃だ。

トクサンTVでも視てみよう！

8の字素振りでヘッドを走らせる

リストを使う感覚がわかる

バットで8の字を描くようにして行う素振り。通常の方向も、逆方向もしっかり振る意識でやれば、振りぬくときにリストを使う感覚が身につく。

トクサンTVでも視てみよう！

楽しいぞ！
「弱点克服」

スイング修正の方法論って？

練習にはフォームやタイミング、感覚を修正することも含まれる。

ジャストミートするために修正だ！

ズレてくるもの

人間のカラダや感覚というのは、日々変化しているもの。このため、スイングもどこかが変化する。放っておくと、どんどんズレてくるので、やはり、修正が必要なのだ。

　たとえば、プロなど多くのトップ選手は、あえて遅いボールを打つ練習をとり入れている。基本的にボールをとらえようとすると、手先から動き、早めに前へ重心移動してしまうのが打者の習性。このため、遅いボールをできるだけ待って呼び込み、重心を後ろに残し、そこから振る意識づけをしているんだ。

スローボールを打つ「間」の練習

70〜80km/hの遅い球を軸足に乗ってから打つ

70〜80km/hくらいの遅いボールを打つ練習。これをフラーッと手で合わせれば、誰でも打てるし、意味がない。軸足に乗って、「間」をとって待ち、バチンッと鋭く打つ感覚が大事。

スーパースロー素振りでフォーム確認

1分かけて素振りしトレーニングと確認

筋力アップしたトクサンが感覚とカラダのズレを修正した練習。1分ほどかけて、ゆ〜っくり振る。下半身に負荷がかかるトレーニングだが、スイング各部もチェックできる。

楽しいぞ！
「野球ギア」

アイテムが広げる野球の奥深さ

たまには、新種の野球ギアも使ってみよう。新発見もあるはずだ。

曲がるボールで変化球練習

手元で曲がるから変化球対策に

発砲スチロールのボールは、投げた瞬間から異様な軌道になるが、もっと打者の近くで不規則に曲がるボールも売っている。しっかりボールを呼び込む意識で打てば、「間」がとれるようになり、変化球対応の練習になる。

トクサンTVでも視てみよう！

遊び感覚で使おう

いつもの道具でまじめに練習するのもいいが、ときには、ショップで売っている新種の野球ギアを使って、遊び気分で練習するのも楽しいだろう。

ロングティーに使うボールも、投げるだけで変化するものがある。もちろん、ピッチャーが投げる変化球とは、スピードも変化も違うのだが、「待って、呼び込んで打つ」という、「間」をとる練習には最適だ。

中にはルール上、試合では使えないものもあるが、練習で使うことで、いい意識づけになるものも多い。試してみよう。

マウスピースで力感アップ

力を止めずにグッと使える

力を入れると、歯をかみしめるが、上下の歯だけでは、しっかり噛み合わせられない。マウスピースを使えば、噛み合わせがよくなり、力が発揮しやすくなる。

トクサンTVでも視てみよう!

謎のギアでスイングスピードアップ？

バットと指が密着してヘッドが走る

指とバットの密着感をアップする謎のギアもある。手とバットの一体感が増し、スイングスピードもアップしたが、残念ながらルール上、使えないことも多い。

トクサンTVでも視てみよう!

COLUMN

熱く語るぜ！

居酒屋談義

「なんで野球を続けるの？」参

野球を続ける理由を聞くライパチに、熱いアニキの思いは、さらにヒートアップしていく。感動の大団円！

アニキ　野球は（大学最後の）22歳で終わりという決まりあんの？ そんなんないのに、「成長」のため、まだまだやりたいのに、シャットダウンしてしまう。でも、日本には野球の場がある。それが草野球。だから、やる。たとえば、23歳の俺は、自分と向き合うのに精いっぱいで選手しかできなかった。でも、40歳ならば、選手兼GMもできる。チームメイトの方にも目が届くようになっている。これが成長。これをやらせてもらっている。“もらう”って変かもしれないけど、チームや相手がいてくれるからできること。そんな風に学べることがたくさんある。

トクサン　アニキが投げ続けるから、僕らの目標設定にもなっている。疲れている場合じゃないですよ。アニキ！

アニキ　いや、ホンマは大変なんですよ……。

野球への熱い思いは、
ホルモンの煙に燻され、
深く熟成されていくのだった……。

煙に燻されても、野球談義は終わらない！

Special Interview

巻末特別インタビュー

野球少年から、ドラフト候補、気がつけばユーチューバー

現在、野球動画ナンバーワンを突っ走る「トクサンTV」。野球技術の深〜いところをわかりやすく解説し、多くの野球少年、野球オジサンたちの心をつかんでいる。そして、このメイン出演者こそが、本書の著者であるトクサンと、相方のライパチ。いったい、彼らはどんな野球人生を歩み、現在のポジションにたどり着いたのか？ 彼らのバイオグラフィーに触れながら、動画では観られない？ その素顔に迫ってみよう。

聞き手：編集部

普通の野球少年が帝京高校へ

――今や人気ユーチューバーのトクサンですが、どうして、ここに至ったかを知りたい読者も多いはずです。まずは、野球人らしく、球歴として伺いましょう。

トクサン　たいていの野球選手って、小学校で少年野球部に入っているのですが、僕の場合は小3でソフトボール部に入って6年生まで続けました。最初は野球とは少し違うのです。

でも、中学では野球をはじめます。地域の軟式クラブに入り、とうとう野球生活がスタートする。決してうまくはないが、一生懸命

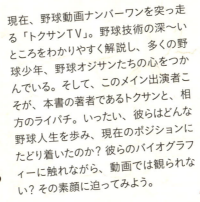

練習はしました。高校への進学も最初は別の高校への特待生に決まっていて、親も自分も喜んでいたんです。

でも、周囲の方が僕のことを真剣に考えてくれていた。「彼は、あの学校でいいのか?」「強豪校で甲子園に行くべきでは?」となる。すると、クラブの監督がある日、「板橋に遊びに行く」と僕を誘います。喜んで行ってみると、そこは帝京高校だったんです。

――いきなり、超野球校ですね。失礼ですが、大丈夫でしたか?

トクサン　全然大丈夫じゃない(笑)。そのときのテストでは、ピッチングや野手の守備、ベーラン、バッティングなどを見てもらったのですが、前田三夫監督から、「3年間、補欠かもしれないよ」と言われました。でも、甲子園に行きたかったので、入学を決意します。

帝京高校は全国区で知られる強豪ですが、実は東京、千葉あたりの出身者がほとんど。全国の猛者が集まるわけではなかった。また、僕は軟式出身でしたが、同じパターンも多く、ここで差がつくわけでもない。でも、前田監督はデカい選手が好きなようで、伝統的にデカい。180センチ以上がゴロゴロいて、そんな中、僕の身長は160センチ前後。ひとり小学生が混ざってしまった感じで、「こんなヤツらとやるの?」と思いましたね。

「高校野球編」ボール磨きとベンチ

――トクサンは球歴のどこかでブレイクしたからこそ、今があると感じるのですが、なかなかその日は遠い?

トクサン　僕はなかなかブレイクしませんよ(笑)。高校では1年半、練習させてもらえませんでしたから。毎日、生き延びるのが精一杯。ミスがないように、ボール磨きやグラウンド整備をがんばり、遅刻しないように努力していましたよ。

まあ、2年生の春あたりから、ちょくちょく練習させてもらいましたが、2年の夏はスタンドで応援。3年生が抜け、新チームになると、ようやく出番が来るはず。ですが、秋の大会でいきなり負けた。監督から「お前らはいらない」と1年生主体のチームに切り替えられてしまいます。

これが理由で辞めた選手もいましたが、残った僕たちは「後輩をサポートするしかない」と気を取り直し、全力サポートをはじめます。すると、熱意が通じたのか、翌年からは僕たち新3年生もチームに入り始め、「おまえ、ショートに入れ」と待ちに待った言葉。そして、春、ついにレギュラーをとったんです。

でも、そこまででした。

ケガをしてしまい、1週間安静の診断。レギュラーを奪われます。ただし、チームは強く、夏の甲子園の準決勝で智弁和歌山に負けるまで勝ち続けました。最後はベンチで終わりましたが、この経験は大学に進んだ後に活きます。

——高校野球編の最終回でも、まだブレイクはしないんですね。

トクサン　まだ、しないんです。で、そんな終わり方だから、名門大学から誘いが来るわけもない。でも、全国大会に出られる学校に行きたかった。そこで創価大学のセレクションを受けたんです。すると、見てくれたコーチが、「なんで、補欠だったの？」と言ってくれる。この方が高く評価してくれたおかげで、僕は特待生として大学に入学することができました。

すると、1年生から守備、代走要員としてベンチ入りさせてもらえる。気持ちも入るので、全力で先輩をサポートしました。たとえば、ボールボーイをするときも、同じ1年生のヤツと「どうせやるなら、全力だ！」と中腰からダッシュです。新聞に「魂のボールボーイ」なんて見出しで載ったりしました。

チャンスもやって来る。2年生になったときに、先輩がケガをしたんです。

ついにブレイク！「ドラフト候補編」

——ついにブレイクの瞬間ですか？

トクサン　そう、ブレイクです。実はそのとき、僕も指を亀裂骨折していたんですが、包帯をハラハラと外して、監督室に向かい、「2年の徳田です。ケガ治りました！」と大ウソをつきました。そして、翌日の試合に出て、3安打！

「試合に出れる！」という気持ちが、素直に出て、のびのびとプレーできた。野球が楽しいんです。結局、

結局、高校野球は
ベンチで終わりました

このリーグ戦では、出塁率が・448、盗塁王には届かなかったけど、よく走った。3割打って、半分はセーフティバントという、俊足タイプとしてデビューすることができた。

3年生になっても、2番セカンドに定着して、ベストナインにもなったんです。

帝京出身という看板や、このころの成績から、ネットなんかでは野球エリート扱いもされるんですが、ここまで話したように、実は全く違うんです。スペシャルなプレーヤーではない。

――でも、ドラフト候補に成長していくんですよね。

トクサン　それも少し違う。実は1年上に日ハムなどで活躍された八木智哉（2006年パ・リーグ新人王）さんがいて、他にもプロ注目選手が4、5人いた。そこにポツンと混じっていた3年生が僕だった。いつの間にか、スカウトが見ていたんですよね。

4年生になると、キャプテンにもなりました。すると、いつものようにスカウトの人が誰かを見に来る。僕もキャプテンとして、いつものように「(プロ注目の）誰を呼びましょうか？」と、にこやかに応対したのですが、「キミだよ」と言われた。まあ、ビックリですよ。高校時代の経験が大きいですからね。「上には上がいる」ということは、よく理解していたんです。それなのに、最終的にはプロの2チームから声がかかっていました。

――ドラフト候補になったじゃないですか。スゴイ成長ですよ。

トクサン　でも、野球はそんなに簡単じゃない。キャプテンの重圧なのか、春に打率が2割付近にガタ落ちしたんです。「プロに近づいた」という心の隙があったのかもしれない。監督も見抜いていたようで、「お前はキャプテンじゃない」と突き放され、メンバーからも外されてしまいました。

もう1回、ちゃんと
野球をやりたいと思った

このまま1年生にポジションを奪われて終わりそうだったのですが、セレクションで僕を見出してくれたコーチが、「徳田は他チームの脅威。あいつは必要です！」と監督に進言してくれ、そのおかげで、秋のリーグ戦に出ることができた。スカウトの人からも「球団にゴリ押しできるほどの成績やプレーが欲しい」と言われていましたから、めっちゃ、がんばります。MVP、首位打者、盗塁王を獲得して、成績的にもアピールしたんです。

そして、運命のドラフトです。田中将大投手が注目されたのですが、僕のような上位指名でない選手は、記者会見の準備なんてしません。自主トレに向かい、指名があれば戻る予定でした。でも、誰も呼びに来ない。時間はそのまま過ぎ、帰って、そのまま寝ました。

――もう、何を聞いていいのか……。

トクサン　翌日、スカウトから「ゴメン、当日に事情が変わった」という連絡を受けました。下位指名ではよくある話らしいです。しかも、下位指名だと、社会人野球との両天秤もかけられず、いまさら行くところがない。後に都市対抗にも出る強豪チームの方が、「彼はなんでノンプロ行かないの？」という話をいただきましたが、後の祭りです。

「野球は一区切りだな」と秋の空に感じましたね。もし、当時、今のような独立リーグがあったら、行こうとしたでしょう。でも、そのころにもやっている人はいた。僕に熱意があればよかっただけです。

野球が見つからない「トクサン放浪編」

――野球から離れてしまったんですか？

トクサン　普通の会社に入って、普通の社会人になった僕ですが、長く続けてきた野球です。1年やらないと、気持ち悪くなってくる。大学時代の対戦相手が入っていた社会人のクラブチーム「つくばクラブ」に入れてもらいました。でも、仕事が忙しくなる年代でもある。両立は難しく、2年ほどで辞めてしまいます。その後は草野球などで呼ばれたら出る「助っ人浪人」になってしまう。

そんなことを1年ほど続けたときに、転職したのですが、そこに軟式チームがある。当然、僕も入った。でも、人数が足りない。募集をかけると、変な関西人が来た。それが、今一緒に活動している「アニキ」なんですよ。

――運命の出会いが来ましたね。そこからはもう、まっしぐら？

トクサン　いや、まだまだ曲がる。結局、この軟式チームは監督とうまくいかないこともあり、チームを辞めるのと同時に、会社も辞めてしまいます。
　このころ、高校野球の指導者になりたい気持ちが湧いてきて、教員をめざして勉強をはじめたんです。で、週末は草野球と考えて入ったのが、アニキも所属する「天晴-appare-」です。そして、そこにいたのが、このライパチなわけです。

普通の若者の野球魂「ライパチ情熱編」

——ついに「トクサンTV」のもう一方の主役が登場ですね。どうですか、登場の気分は？

ライパチ　やっと出番が来ましたね。では、球歴でも披露しましょうか？

——短めでお願いします。

ライパチ　……。まあ、いいです。少年時代から野球を続けてきた僕ですが、高校でも大阪の高槻北高校というところで続けます。でも、引っ越すことになって、埼玉へ移る。こうして入ったのが、埼玉の朝霞高校。どっちにしても、公立の中堅で、甲子園はめざしても、一般的に行けない。
　しかも、そこで僕はレギュラーでさえない。公式戦にもほぼ出たことがなく、高校最後の夏もスタンドで応援でした。

——本当に、バリバリ普通の、その辺にいる野球している兄ちゃんですね。

ライパチ　（怒）。まあ、そんな僕でも進学はするんです。家から近く、しかも、推薦ももらえるというわけで、東洋大学に進みます。そこで、入ったのが野球サークル！野球はそれでも好きだったんですよ。
　そして、大学卒業後はトラック運転手に。でも、なんか燃えてこない。「ガチンコで何かに挑みたい！」という若き闘志が目覚めてくる。こうなると、トクサンのような球歴でなくても、「野球だ！」となるのが、元球児なんですよ。「野球をもう1回、ちゃんとやりたい」と思い、トレーニングをはじめました。

ショートゴロをさばくと「ワァー!」と盛り上がる

——なんか、いい話になってきましたね。

ライパチ　働いていたのは、当時大流行のブラック企業。そんなときに東日本大震災が起きると、若い僕は熱く何かを感じてしまい、「人生をやり直さなくては！」と決心しました。スポーツ店でアルバイトしたり、サプリメントの会社に勤めたりします。そして、「草野球がしたい」と入ったのが家から近かった「天晴-appare-」でした。

トクサン　大学を選んだ理由と同じ？

ライパチ　そう、近いから。しかも、下手過ぎず、うま過ぎず、自分でもいける感じでした。で、「ピッチャーやってました！」と大ウソをつく。肩は痛めたことなかったですからね。すると、なぜか入団テストで抑えられて、無事入団です。

ただただ、野球を楽しむというチームカラーでしたからね。でも、せっかくアニキが好投しても、僕たちがエラーをして負けることが続く。これでは報われない、と考え、僕たちがうまくなるために、人格的にも選手としても優れた人物を招いた。それが、トクサンなんですよ。

トクサン　その初日がすごかった。勝てば東京ドームという試合だったんですが、僕が観ていると、アニキが満塁のピンチ。ここで彼はショートゴロに打ち取るのですが、そのショートが後逸（笑）。次にレフトのライパチが後逸し、さらにセンターも後逸。僕には意味がわからない光景です。で、ようやく、次の試合に僕が出る。すると、ショートゴロをさばくと「ワァー！」と盛り上がる。センター前に打つと、「オォー！」と喜んでくれる。「師匠と呼ばせてくれ」などと言われる。上手じゃないけど、真剣で、温かい感じがした。それで、チームに入ったんです。

チャンネル登録38万！誕生「トクサンTV」

——いよいよ、ユーチューバーへの道へ進む？

ライパチ　野球動画がネットで流行りはじめていたんです。そこで、アニキがTVディレクターだったこともあり、相談に乗ってもらってはじめたのが、僕がメインの「ライパチボーイTV」。当初は腕立てや筋トレ動画だったのですが、野球の動画も必要になる。アニキが「トクサンを巻き込もうや」と言い出し、無理やり呼んで、インコースの打ち方を説明してもらったのが最初です。すると、視聴者数が伸びる伸びる。

トクサン　当初はニーズがあるなんて思っていませんからね。でも、視聴者からは「聞いたことがない新鮮な情報だ！」という反応が返ってくる。「大学で学んできたことって、当たり前ではないようだ。そこに価値があるかもしれない」と思ったんです。

すると、アニキは暴走気味に、「ライパチボーイTV」を「トクサンTV」に変更し、とにかく毎日更新です。当時、僕はつくば市にいましたから、都内に出て撮影し、また帰るという繰り返し。さすがに厳しくなって、「トクサンTV」でやっていくしかない、と決心しました。アニキも「おもしろいこと、やっていこうや」と語ってくれましたからね。

――それが、現在、視聴者登録38万に至る名物チャンネルになった。どんな心境ですか？

トクサン　ドラフトの後、「野球は一区切り」と思っていた自分が、今、野球で生きている。不思議な感覚ですね。想像もしてなかったことです。でも、大学時代の僕の世界はまだまだ狭かった。今になって、「トクサンTV」の中、野球の技術で発見することがたくさんある。そして、今でも知らないことだらけです。

多分、野球の技術に答えはない。だから、僕も答えではなく、引き出しを提示しているつもり。プロなどのすごい選手には、引き出しが多いけど、普通はないんです。そして、壁にぶつかり、野球が楽しくなくなってしまう。

だから、そんな人のヒントになれればと思っています。自分自身で考えて、やってみる。実は、それが野球のいちばん楽しい部分なんですよ。

――プロでは逆に気づけない境地かもしれませんね。では、最後にお二人の今後の抱負を。

ライパチ　「トクサンTV」を野球情報発信のメディアとして、どんなカテゴリーでも通用するようにしたいですね。それと、選手としても野球を続けていきたい。まだ、うまくないです。でも、自分史上最高にはなった。人生初のホームランも、この前、打ちましたからね（笑）。

トクサン　メディアとしての成長もそうですが、個人の力としてもそうしたい。トークや感性の部分も磨いて、成長したい。そうすれば、今の野球中継の先にある、もっと緊迫感ある、現状は経験者しかわからないものも届けられる。野球人に本当に有益な情報を届けたい。今以上の野球が伝わるような気がするんです。

高3で負ければ終わりではない、いろんな形の野球が出てきているのが現在ですからね。生涯スポーツという考え方もあり、心の持ち方次第で、もっと野球は広がると思っています。

トクサンTV メンバー紹介

著者紹介

トクサン

1985年、東京都出身。本名は徳田正憲。SWBC JAPAN 軟式日本代表。帝京高校で甲子園出場、創価大学では主将として全国ベスト4、リーグ首位打者、盗塁王に輝く。日本プロ野球2球団のドラフトにリストアップされた実績も持つ。2016年8月にYouTubeにて「トクサンTV」をスタートさせ、チャンネル登録数38万人、再生回数2億2000万回を突破し、日本一の野球チャンネルとなっている。50m5秒台の俊足、ホームランを連発するパンチ力も持ち、守備も未だプロ級の野球ユーチューバー。所属する野球チーム「天晴」の主将にして絶対的存在。

出演

ライパチ

新潟県出身。右投右打。高槻北高校、朝霞高校で高校球児。「トクサンTV」の元となる「ライパチTV」のメイン出演者。「トクサンTV」となって後も、トクサンの相方的存在として、動画を盛り上げる。現在、野球選手としても、急成長中。

アニキ

大阪府出身。右投右打。神戸大学硬式野球部ではエースとして活躍。40歳を超えて140km/h超を誇る投手。

撮影協力

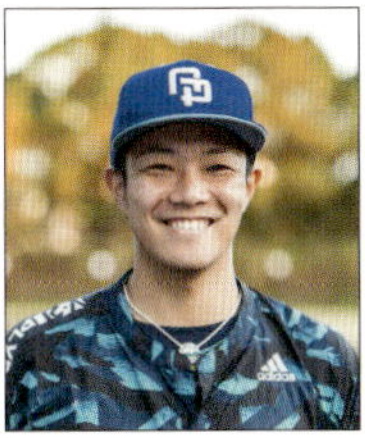

守備猿ジュン

静岡県出身。右投右打。強豪の国際武道大学で野球技術を磨く。アクロバティックな守備と意外性のある打撃が持ち味。

タケトラ

埼玉県出身。右投右打。大宮東高校で投手として活躍。キレのあるストレートと変幻自在の変化球を操る。

トクサンTVが教《おし》える 超《ちょう》バッティング講座《こうざ》

2019年3月4日　初版発行
2019年4月10日　3版発行

著者／トクサン

発行者／川金 正法

発行／株式会社KADOKAWA
〒102-8177　東京都千代田区富士見2-13-3
電話　0570-002-301（ナビダイヤル）

印刷所／図書印刷株式会社

KADOKAWAカスタマーサポート
［電話］0570-002-301（土日祝日を除く11時～13時、14時～17時）
［WEB］https://www.kadokawa.co.jp/（「お問い合わせ」へお進みください）
※製造不良品につきましては上記窓口にて承ります。
※記述・収録内容を超えるご質問にはお答えできない場合があります。
※サポートは日本国内に限らせていただきます。

定価はカバーに表示してあります。

ISBN 978-4-04-896478-4　C0075